新编21世纪高等职业教育精品教材
通识课系列

就业创业指导

主　编　杨克林
副主编　于　妍　余良川　王　静　杨金会　刘雪静　谢开明

中国人民大学出版社
·北京·

图书在版编目（CIP）数据

就业创业指导 / 杨克林主编 . -- 北京：中国人民大学出版社，2025.1. --（新编 21 世纪高等职业教育精品教材）. -- ISBN 978-7-300-33251-2

Ⅰ. G717.38

中国国家版本馆 CIP 数据核字第 2024BJ2456 号

新编 21 世纪高等职业教育精品教材·通识课系列

就业创业指导

主　编　杨克林

副主编　于　妍　余良川　王　静

　　　　杨金会　刘雪静　谢开明

Jiuye Chuangye Zhidao

出版发行	中国人民大学出版社		
社　　址	北京中关村大街 31 号	**邮政编码**	100080
电　　话	010－62511242（总编室）		010－62511770（质管部）
	010－82501766（邮购部）		010－62514148（门市部）
	010－62515195（发行公司）		010－62515275（盗版举报）
网　　址	http://www.crup.com.cn		
经　　销	新华书店		
印　　刷	中煤（北京）印务有限公司		
开　　本	787 mm × 1092 mm　1/16	**版　　次**	2025 年 1 月第 1 版
印　　张	9.75	**印　　次**	2025 年 1 月第 1 次印刷
字　　数	184 000	**定　　价**	39.00 元

前言

Preface

习近平总书记强调要实施就业优先战略，促进高质量充分就业。在中国式现代化建设的征程中就业被放在优先位置，通过推动高质量发展来创造更多高质量就业岗位。鼓励大学生到重点领域、重点行业、城乡基层和中小微企业就业创业，以择业新观念打开就业新天地。为了帮助高职学生和求职者更好地适应这一挑战，我们编写了这本《就业创业指导》教材，旨在提供实用的指导和策略，以促进个人职业发展和企业创新。职业是人们赖以生存的手段，职业选择意味着人生的选择。不同的职业选择，意味着不同的人生。职业选择关系到个人的理想价值的实现、家庭经济条件的改善和声誉，以及整个社会的发展与进步。尽早启动就业创业行动，可以提高自身就业竞争力。

本教材采用工单制教学模式体例编写，每一个工单都是按照就业关键能力精心设计，环环相扣；每一个工单都是一个系统闭环，需要关注每一个细节，完成每一项任务，履行每一项职责；每一个工单都是职业生涯进阶的一小步。通过实际工作任务需求或岗前培训内容改编成工单任务，使学生能够在学习过程中直接体验到实际工作内容，从而实现课堂教学与职业岗位需求的零距离对接。通过“做中学”的方式，让学习者在实际操作中学习和掌握专业知识与技能。支持学习者根据自己的学习情况和就业需求选择继续学习的工单项目，满足不同学习者的个性化学习需求。通过本教材可以让学生提前对所学的知识有清晰的认识，通过有工单、有分工、有任务、有实训报告的方式，提高学习者主动学习意识，培养学生的职业素养。本教材与数字化教学平台相结合，形成了教师教学活动和学生学习活动的数字化档案，为教学管理、教学评价和教学决策提供支持。

本教材旨在帮助学习者了解就业市场，提升职业素养，培育创新创业精神，培养终身学习意识，锻炼职业规划与求职技能。分析当前就业市场的趋势和需求，帮助读者识别适合自己的职业路径。通过学习小组思考讨论、案例分析和实践拓展强化学习体验，提高学习者的职业技能和职业素养。

希望新时代青年择心之所属，立兴国之业；以兴趣爱好为引，谱专业发展之赋；以家国情怀为匙，启天下苍生之门；以民族复兴为己任，谱写中华兴盛之章。携青春梦想，择心中所爱，踔厉奋发，奔赴家国山海。

我们深知由于资源和编者水平有限，书中难免有疏漏和不妥之处，欢迎大家批评指正。

编者

目录

Contents

工单1 启动就业

基础信息

工单编号	C2301111110696	工单名称	启动就业
工单类型	基础型工单	面向专业	各专业通用
工单大类	素质拓展	能力面向	职业关键能力
职业岗位	全系列岗位		
实施方式	实际操作	考核方式	操作演示
工单难度	中等	前序工单	
工单分值	17	完成时限	2
工单来源	就业创业教练	建议组数	10
组内人数	3	工单属性	私有工单
版权归属	杨克林	附件资源	4个
考核点			
工单简介	启动就业作为科目一里的第一部分教学内容，本工单以专业就业情景分析、个人求职技能盘点为工单任务，帮助同学们更好地开启就业准备。		
设备环境	台式电脑或笔记本电脑（能够连接互联网）		
教学方法	讨论式、探究式		
用途说明			
工单开发	杨克林	开发时间	2023-07

实施人员信息

姓名		班级		学号		电话	
隶属组		组长		岗位分工		伙伴成员	

笔记栏

任务目标

- 了解就业相关基本理论；
- 应用专业前景分析方法；
- 应用个人求职技能分析方法；
- 培育学生积极就业的心态。

任务说明

临近毕业季，小智和小慧将以互助学习小组的形式与大家共同学习课程。

小智：现在的就业形势实在是太难了，我真不想这么着急地找工作。

小慧：你应该明确就业难，难在哪儿！就业是一个很严肃的问题，需要大家认真对待！该来的总会来，必须面对！每个人的具体问题需要有针对性地解决。

本工单以专业就业情景分析、个人求职技能盘点为工单任务，帮助大家更好地开启就业准备。

领航筑梦

多措并举——贴近实践提技能

手握鼠标，双目注视，重庆某职业学院云计算技术专业大二学生小周一丝不苟地在电脑上为一张张图片打标记。

为了帮助学生更好地掌握相关技能，培育自身优势，学院对学生进行了职业测评和职业画像。经过综合测评，小周被认为较适合从事人工智能基础数据服务行业，具体做数据标注工作。一段时间实操以后，他逐渐明确了就业方向，工作也越来越娴熟。

近年来，重庆某高校与企业深度合作，广搭平台促就业，培养了一大批高素质技术技能人才。

“数据标注并没有听上去那么简单。”学院负责人表示，人工

笔记栏

智能基础数据服务行业发展快、需求大，但以前学校教授的内容无法完全满足企业对数据处理精度的要求。因此，学校和相关企业建立产业学院、职教联盟，成立“校中厂”等实习基地，提前培训学生。

“通过学校‘校中厂’学习，我不仅熟悉了相关工作，找准就业目标，还积累了很多实际经验，对将来就业也更有信心。”小周说。

产业学院是指高校与企业等主体共建共管的学院。如今，该职业学院已与多家知名企业共建产业学院，更多校企合作在这里从“相加”走向“相融”。

不仅如此，学校还多措并举，帮助学生就业。如实行校企导师制度，校企双方为学生配备导师，助其制定职业发展路径，教学计划由双方共同设计，学生成长迅速。在杭州一家知名电子产品制造企业内，有近 50 名员工均毕业于该职业学院，部分员工已成长为企业各产线骨干。

课前问卷

1. 你感觉就业难吗？（0.5 分）

A. 我觉得就业没难度

B. 好像就业形势比较严峻

C. 非常难

2. 你感觉未来就业难在哪儿？（0.5 分）

A. 不知道该找什么工作

B. 缺乏求职技能

C. 感觉自己专业没学好

3. 你做好就业准备了吗？（0.5 分）

A. 计划尽快就业

B. 想继续深造或参军等

C. 还没想好

注释 1-1

注释 1-2

注释 1-3

任务资讯

1. 什么是就业？（1.0 分）

2. 结合马斯洛需求原理，解释为什么要就业？（1.0 分）

3. 就业需要做什么准备？（1.0 分）

【提示】任务资讯可查看：

注释 1-1（启动就业 .pdf）

注释 1-2（启动就业 1.mp4）

注释 1-3（启动就业 2.mp4）

笔记栏

任务规划

本工单的任务规划如下：

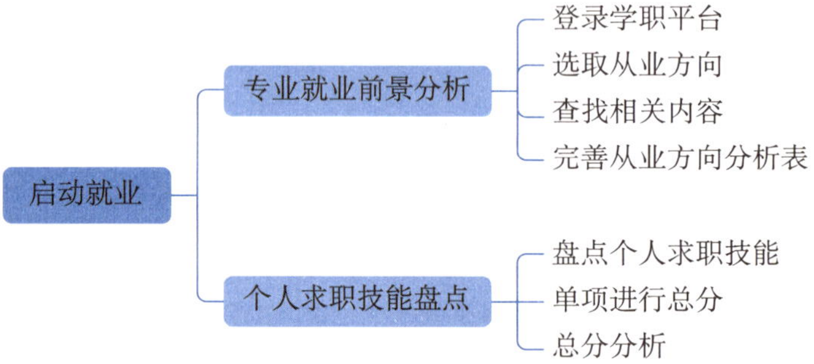

任务实施

本工单的任务实施如下：

● 任务一 专业就业前景分析。（4.0 分）

填写从业方向分析表：

1. 登录学职平台，查看洞察专业，搜索所学专业。（1.0 分）

2. 重点查看升学指数、从业情况、薪酬水平、主要就业省份等信息，选取 3 个从业方向。（1.0 分）

3. 结合选取的从业方向分别在职业探索、职业人物、职业微视频模块查找相关内容。（1.0 分）

4. 结合查找过程中获取的信息，完善从业方向分析表。（1.0 分）

从业方向	基本信息	知识技能	职业发展	拟就业区域	薪资水平

笔记栏

● 任务二　个人求职技能盘点。（4.0 分）

填写求职技能自评表：

1. 填写求职技能自评表。（1.0 分）
2. 对各个单项进行总分。（1.0 分）
3. 依据总分，对个人求职技能进行分析。（2.0 分）

求职技能自评表

请根据你的真实求职能力状况，给下列求职技能熟练程度打分。 非常擅长 = 4　　比较擅长 = 3　　一般 = 2　　不擅长 = 1	
A. 职位搜寻中，我有多擅长于……	
1. 在网上发布求职信息	
2. 通过各种渠道找到心仪的公司	
3. 发动社交网络获得工作机会或相关指导	
4. 向有机会的公司传递信息	
5. 参加能遇见职业人士的各种行业聚会	
6. 在当地报纸上寻找招聘会信息或招聘广告	
7. 向能为我提供职位的机构、组织、老师寻求支持	
B. 简历撰写中，我有多擅长于……	
1. 撰写一份格式正确、内容专业的简历	
2. 写一封吸引眼球的自荐信（求职信）	
3. 正确地制作和发送简历的电子文档	
4. 正确地填写各种表格	
5. 清晰正确地描述求职目标	
6. 找到能为我写推荐信的人	
7. 准备一份完整的求职档案	
C. 面试时，我有多擅长于……	

笔记栏

续表

1. 在面试前提前调查面试公司	
2. 穿着打扮大方得体	
3. 给人留下良好的第一印象	
4. 有效地回答面试问题，用数据和例子作答	
5. 聪明地突出优势，隐藏劣势	
6. 准备了一系列问题问面试官	
7. 展现出对目标职业的热情	
D. 当跟踪我的面试时，我有多擅长于……	
1. 面试后通过邮件发送感谢信	
2. 拿到面试官的名片和联系方式	
3. 如果没有收到回复，我会尝试给面试官打电话	
4. 精确地记录每一个面试我的人的信息	
5. 懂得在几份工作机会中决策	
6. 就工资待遇和其他福利谈判	
7. 按照公司的要求提供额外的信息	

请把每一项得分相加，获得单项总分：

A. 职位搜索：

B. 简历撰写：

C. 面试技巧：

D. 面试跟踪：

单项得分：

0～14 分，需要进一步系统学习相关求职知识，从而有效提升求职技能；

15～20 分，需要在实战中训练求职技能；

21～28 分，马上开始求职行动。

注释 1-4

【提示】任务实施可查看注释 1-4（启动就业任务实施 .pdf）

笔记栏

任务扩展

本工单的任务扩展要求如下：

笔 记 栏

用思维导图画一张个人就业准备的路线图：（2.5 分）

1. 依据任务二单项得分相对较低的单项，设计就业准备的路线图要点。（1.0 分）

2. 有针对性地分别制订理论知识和实操能力的提升计划。（1.5 分）

任务日志

实施工单过程中填写如下日志：（0.5 分）

任务日志表

日期	工作内容	问题及解决方法

任务总结

完成上述任务后填写下列任务总结表：（0.5 分）

任务总结表

考核评价

工单实施考核评价表如下所示：

笔记栏

考核评价表

评分项	优秀要求	分值	备注
任务资讯	问题回答清晰准确，能够紧扣主题，没有明显错误项。	3	没完成不得分，回答正确取得相应分值。
任务实施	按照任务实施要求，积极参与小组的任务实施，最终形成小组实施成果。	8	没完成不得分，形成成果得 3 分，成果内容准确翔实得 3 分。
任务扩展	通过各种途径搜集素材，得出自己的结论和观点，严禁网上直接摘抄。	2	没完成不得分，形成成果得 2 分，成果内容准确翔实得 1 分。
其他	日志和总结填写详细，能够反映实际工作过程。	2	没完成不得分，填写内容清晰翔实取得相应分值。

工单 2 就业盘点

基础信息

工单编号	C2301111110697	工单名称	就业盘点
工单类型	基础型工单	面向专业	各专业通用
工单大类	素质拓展	能力面向	职业关键能力
职业岗位	全系列岗位		
实施方式	实际操作	考核方式	操作演示
工单难度	中等	前序工单	
工单分值	16	完成时限	2
工单来源	就业创业教练	建议组数	10
组内人数	3	工单属性	私有工单
版权归属	杨克林	附件资源	4 个
考核点			
工单简介	就业盘点主要是通过对自身标签分析和岗位标签分析的梳理，根据匹配情况确定拟就业方向。本工单以个人标签分析、岗位标签分析、拟就业方向确定为任务，帮助大家更好地确定就业计划。		
设备环境	台式电脑或笔记本电脑（能够连接互联网）		
教学方法	讨论式、探究式		
用途说明			
工单开发	杨克林	开发时间	2023-07

实施人员信息

姓名		班级		学号		电话	
隶属组		组长		岗位分工		伙伴成员	

笔记栏

任务目标

- 了解认识自己；
- 掌握人岗标签匹配法；
- 培养学生规划管理能力和实践动手能力。

任务说明

小智：上节课我们学习了启动就业，对专业就业前景、个人求职技能有了初步的认识，我们是不是就可以开启求职之旅了？

小慧：不要着急，今天我们来学习就业盘点，主要是想让大家对自身优势和就业岗位有一个清晰的认识，以便能够胜任自己的目标岗位。

本工单以个人标签分析、岗位标签分析、拟就业方向确定为任务，帮助大家更好地确定就业计划。

领航筑梦

以笔尖书写时代华章，用镜头见证家乡发展

新新，现就职于某区融媒体中心，主要承担学习强国供稿、新闻稿件撰写等工作。

“以笔尖书写时代华章，用镜头见证家乡发展”，这是新新作为一名新时代新闻工作者孜孜不倦的追求。他立足建设现代化品质生活之城的时代主题，唱响主旋律、弘扬正能量，多角度、宽视野宣传报道城区的巨大变化，先后被评为市优秀共青团员、市媒体好网民、市第12届新闻奖三等奖、新时代好青年，入选2022年教育部大学生就业创业典型人物事迹。

在填报高考志愿专业时，他选择了自己喜欢的新闻采编与制作专业。他深深懂得，要想做一名优秀的新闻工作者，首先就得专业过硬。大学期间，他始终保持积极向上的进取精神，认真学习理论，完善知识架构，积极参加实践，不断增长才干，2018年8月在中国

报道网上发表过一篇文章，2019 年 1 月荣获中国大学生广告艺术节学院奖佳作奖，到毕业时已经发表 10 余篇新闻作品。大学期间新新曾任班长、学生会主席等学生干部，倾情服务学院师生，具有较强的组织协调能力。他还成功策划编排军训汇报表演千人方阵花样队列，连续三年组织“新时代、新青年、新思想”宣讲大赛，先后被评为河北省优秀学生干部、河北省优秀毕业生、保定市优秀大学生标兵、保定市优秀共青团员等。

笔记栏

课前问卷

1. 你了解自己的能力优势吗？（0.5 分）

A. 始终非常了解

B. 时而了解，时而不清楚

C. 很困惑，说不清

2. 你有明确的就业目标吗？（0.5 分）

A. 很明确，很精准

B. 有目标，不确定

C. 没目标，没考虑

3. 你认为自己能胜任目标就业岗位吗？（0.5 分）

A. 没问题，已经对接

B. 不确定，没有把握

C. 没信心，没有兴趣

任务资讯

1. 归纳明确自己的能力优势。（1.5 分）

2. 思考你为什么而就业。（1.5 分）

【提示】任务资讯可查看：

注释 2-1（就业盘点 .pdf）

注释 2-2（就业盘点 1.mp4）

注释 2-3（就业盘点 2.mp4）

注释 2-1

注释 2-2

注释 2-3

笔记栏

任务规划

本工单的任务规划如下：

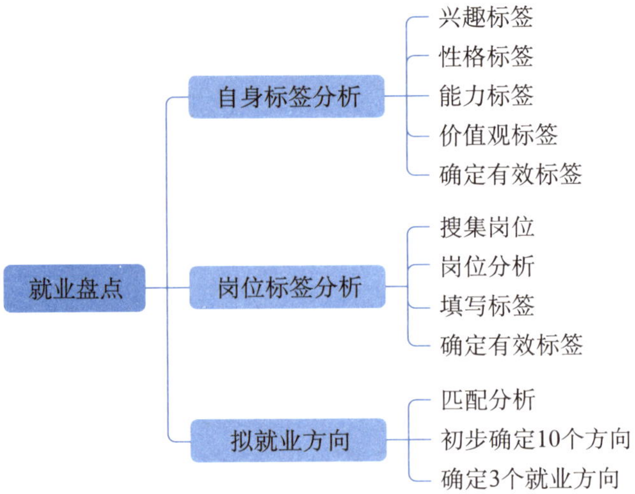

任务实施

本工单的任务实施如下：

● 任务一 自身标签分析。（2.5 分）

1. 结合自身兴趣、性格、能力、价值观进行自我剖析盘点，写出 20 个自我画像标签。（0.5 分）

2. 分别对兴趣、性格、能力、价值观填写标签。（1.0 分）

3. 找了解自己的老师或同学对标签的准确度进行评价，最终确定有效标签。（1.0 分）

自身	标签 1	标签 2	标签 3	标签 4	标签 5
兴趣					
性格					
能力					
价值观					

● 任务二　岗位标签分析。（3.5 分）

1. 搜集 50 个感兴趣的就业岗位，并对岗位需求、岗位职责进行初步分析，对不了解的岗位可以通过学职平台了解。（1.0 分）

2. 对岗位从业者的兴趣、性格、能力、价值观分别填写标签。（1.0 分）

3. 找了解自己的老师或同学对标签的准确度进行评价，最终确定有效标签。（1.5 分）

标签	岗位 1	岗位 2	岗位 3	岗位 4	岗位 5	岗位 6	岗位 7	岗位 8	…	岗位 50
兴趣标签										
性格标签										
能力标签										
价值观标签										

● 任务三　拟就业方向。（2.5 分）

1. 借助电子表格对任务一、任务二的标签进行梳理，根据标签匹配情况确定 10 个拟就业方向。（1.0 分）

2. 找了解自己的同学对 10 个拟就业方向进行人职匹配分析，确定 3 个拟就业方向。（1.5 分）

【提示】任务实施可查看注释 2-4（就业盘点任务实施 .pdf）

注释 2-4

笔记栏

任务扩展

本工单的任务扩展要求如下：（2.0 分）

根据下表，完善拟就业计划。

拟就业计划表

拟就业计划			
就业目标岗位			
就业准备清单			
计划实施日程			

笔记栏

笔记栏

任务日志

实施工单过程中填写如下日志：（0.5 分）

任务日志表

日期	工作内容	问题及解决方法

任务总结

完成上述任务后填写下列任务总结表：（0.5 分）

任务总结表

考核评价

工单实施考核评价表如下所示：

考核评价表

评分项	优秀要求	分值	备注
任务资讯	问题回答清晰准确，能够紧扣主题，没有明显错误项。	3	没完成不得分，回答正确取得相应分值。

笔记栏

续表

评分项	优秀要求	分值	备注
任务实施	按照任务实施要求，积极参与小组的任务实施，最终形成小组实施成果。	8	没完成不得分，形成成果得 3 分，成果内容准确翔实得 3 分。
任务扩展	通过各种途径搜集素材，得出自己的结论和观点，严禁网上直接摘抄。	2	没完成不得分，形成成果得 2 分，成果内容准确翔实得 1 分。
其他	日志和总结填写详细，能够反映实际工作过程。	2	没完成不得分，填写内容清晰翔实取得相应分值。

工单3 专业技能盘点

基础信息

工单编号	C2301111110698	工单名称	专业技能盘点
工单类型	基础型工单	面向专业	各专业通用
工单大类	素质拓展	能力面向	职业关键能力
职业岗位	全系列岗位		
实施方式	实际操作	考核方式	操作演示
工单难度	中等	前序工单	
工单分值	17	完成时限	2
工单来源	创新创业大赛	建议组数	10
组内人数	3	工单属性	私有工单
版权归属	杨克林	附件资源	4个
考核点			
工单简介	专业能力的强弱，直接关系到学生能否就业，影响学生的生存与发展。本工单将以职业生涯人物访谈、调查相关证书来盘点专业技能。		
设备环境	台式电脑或笔记本电脑（能够连接互联网）		
教学方法	讨论式、探究式		
用途说明			
工单开发	杨克林	开发时间	2023-07

实施人员信息

姓名		班级		学号		电话	
隶属组		组长		岗位分工		伙伴成员	

笔记栏

任务目标

- 认识专业方向及对应的职业岗位群；
- 了解职业岗位分析；
- 了解岗位说明书；
- 能够进行岗位需求分析；
- 盘点岗位匹配的专业技能。

任务说明

小智：上节课我们学习了就业盘点，掌握了人岗标签匹配的方法，确定了拟就业方向，我们是不是就可以开启求职之旅了？

小慧：不要着急，我们对专业方向及对应的职业岗位群的认识还不够深。

本工单将借助职业生涯人物访谈、调查相关证书来盘点专业技能。

领航筑梦

火箭心脏焊接人

高凤林，中国航天科技集团公司第一研究院 211 厂发动机车间班组长，首席技能专家。40 年来，他几乎都在做着同样一件事，即为火箭焊“心脏”——发动机喷管焊接。他在焊工岗位上，几十年发扬爱岗敬业、开拓创新、精益求精的大国工匠精神，硬生生把自己打造成中国第一焊匠。他用 40 年的坚守，诠释了一个航天匠人对理想信念的执着追求。

38 万公里，是“嫦娥三号”从地球到月球的距离；0.16 毫米，是火箭发动机上一个焊点的宽度；0.1 秒，是完成焊接允许的时间误差。在中国航天，高凤林的工作没有几个人能做得了，他给火箭焊“心脏”，是发动机焊接的第一人。

现在，他又在挑战一个新的极限——为我国正在研制的新一代“长征五号”大运载火箭焊接发动机。焊接这个手艺看似简单，但

笔记栏

在航天领域，每一个焊接点的位置、角度、轻重，都需要经过缜密思考。

“长征五号”火箭发动机的喷管上，就有数百根几毫米的空心管线。管壁的厚度只有0.33毫米，高凤林需要通过3万多次精密的焊接操作，才能把它们编织在一起，焊缝细到接近头发丝，而长度相当于绕一个标准足球场两周。

高凤林说，发射成功后的自豪和满足引领他一路前行，成就了他对人生价值的追求，也见证了中国走向航天强国的辉煌历程。

这就是高凤林，一个追求极致、传承坚守的“大国工匠”。

课前问卷

1. 你感觉自己学业水平怎么样？（0.5分）

A. 各门功课全优，专业能力过硬

B. 成绩马马虎虎，专业水平还行

C. 基本没有挂科，专业没有感觉

2. 所学专业你掌握最突出的技能是什么？（0.5分）

A. 能够排序，有参赛考证

B. 我不确定，没有考核过

C. 说不上来，都差不多吧

3. 你知道就业岗位对专业技能的具体要求吗？（0.5分）

A. 很明确，能达到

B. 了解过，有差距

C. 不知道，没考虑

任务资讯

1. 探索自己的能力优势和潜力。（1.0分）
2. 探索职业目标岗位。（1.0分）
3. 对照目标岗位分析自己的优势和不足。（1.0分）

【提示】任务资讯可查看：

注释 3-1（专业技能盘点 .pdf）

注释 3-2（专业技能盘点 1.mp4）

注释 3-3（专业技能盘点 2.mp4）

注释 3-1

注释 3-2

注释 3-3

任务规划

本工单的任务规划如下：

- 专业技能盘点
  - 梳理专业方向
    - 专业目录
    - 职业岗位群
  - 盘点专业技能
    - 知识技能
    - 技能提升
  - 职业资格证书
    - 1+X证书
    - 国家职业资格证书

笔记栏

任务实施

本工单的任务实施如下：

任务一　职业生涯人物访谈。（5.0 分）

收集本专业近三年来某一位毕业学长的就业典型案例，对学长进行职业生涯访谈。

1. 确定访谈对象及时间。（1.0 分）
2. 确定访谈目标及提纲。（2.0 分）
3. 做好访谈记录并分析。（2.0 分）

访谈对象	访谈时间	访谈目标	访谈提纲	访谈记录	备注

任务二　确定“1+X”证书。（3.5 分）

结合学职平台专业介绍，确定有意向的技能证书。请专业导师确定自己的优势技能，制订强化训练计划，争取考取相应的“1+X”证书。

1. 结合学职平台、岗位分析确定有意向的技能证书。（2.0 分）

笔记栏

2. 咨询教师确定证书。（1.5 分）

证书名称	证书考核内容	计划考取时间	完成情况

注释 3-4

【提示】任务实施可查看注释 3-4（专业盘点任务实施 .pdf）

笔记栏

任务扩展

本工单的任务扩展要求如下：（3.0 分）

收集三家专业对口岗位的岗位说明书，分析岗位需求信息，对照自己的专业技能做出提升计划。下面七个问题是岗位说明书的核心内容，我们需要围绕这七个问题来完成目标岗位说明书整理：

1. 为什么要选择此项工作（why）？
2. 岗位工作的内容是什么（what）？
3. 由谁来完成（who）？
4. 什么时候胜任岗位（when）？
5. 在哪里完成（where）？
6. 怎样完成此项工作（how）？
7. 做到什么程度、质量怎样（how much）？

请你结合职业生涯人物访谈、岗位说明书及目标就业信息整理出如下清单：

三家公司	有哪些最重要的职位？	哪些城市发展得最好？
进入需要什么准备？	行业名称是什么？	它的上下游行业有哪些？
主要客户是谁？	行业增长率如何？	上下游企业有哪些？

任务日志

笔记栏

实施工单过程中填写如下日志：（0.5 分）

任务日志表

日期	工作内容	问题及解决方法

任务总结

完成上述任务后填写下列任务总结表：（0.5 分）

任务总结表

考核评价

工单实施考核评价表如下所示：

考核评价表

评分项	优秀要求	分值	备注
任务资讯	问题回答清晰准确，能够紧扣主题，没有明显错误项。	3	没完成不得分，回答正确取得相应分值。

笔记栏

续表

评分项	优秀要求	分值	备注
任务实施	按照任务实施要求，积极参与小组的任务实施，最终形成小组实施成果。	8	没完成不得分，形成成果得 3 分，成果内容准确翔实得 3 分。
任务扩展	通过各种途径搜集素材，得出自己的结论和观点，严禁网上直接摘抄。	2	没完成不得分，形成成果得 2 分，成果内容准确翔实得 1 分。
其他	日志和总结填写详细，能够反映实际工作过程。	2	没完成不得分，填写内容清晰翔实取得相应分值。

工单 4 职业关键能力盘点

基础信息

工单编号	C2301111110699	工单名称	职业关键能力盘点
工单类型	基础型工单	面向专业	各专业通用
工单大类	素质拓展	能力面向	职业关键能力
职业岗位	全系列岗位		
实施方式	实际操作	考核方式	操作演示
工单难度	中等	前序工单	
工单分值	15	完成时限	2
工单来源	就业创业教练	建议组数	10
组内人数	3	工单属性	私有工单
版权归属	杨克林	附件资源	3 个
考核点			
工单简介	怎样发现、培养和表现自己的能力，从而在就业市场中拥有竞争力，是非常关键的。职业关键能力是职业化的具体体现，主要指自主学习、自我管理、慎思明辨、创意创新、沟通表达、交往合作、组织协调、应急应变等关键能力。		
设备环境	台式电脑或笔记本电脑（能够连接互联网）		
教学方法	讨论式、探究式		
用途说明			
工单开发	杨克林	开发时间	2023-07

实施人员信息

姓名		班级		学号		电话	
隶属组		组长		岗位分工		伙伴成员	

笔记栏

任务目标

- 了解职业关键能力内容；
- 盘点自身专业技能；
- 积极对应就业岗位。

任务说明

结合自己所学专业和已掌握的职业知识列出未来可能从事的职业岗位，然后在对应的就业领域寻找三位以上在职人士作为职业生涯人物，可以借助行业协会、大型同学录或某个组织的网页来寻找职场人士。职业生涯人物可以是自己的亲人、老师和朋友，也可以是他们推荐的其他人。访谈至少三人，可以借助通信、面谈、电话、QQ、微信等方式进行数据收集。

领航筑梦

在奔跑中调整呼吸

阿海，某高职院校电视节目制作专业毕业生，现任中央电视台驻河北记者站技术负责人。从毕业后应聘到中央电视台驻外记者站至今，十多年来一直奔跑在拍摄、编辑、卫星传送、导播的第一线，繁忙的工作让平常人调整呼吸都已很难，何况在奔跑中。他是怎样做到的呢？

“我选择了这个专业，就要把它学好。”大学时期的阿海对专业学习如饥似渴，每一节课都专注认真，课下把老师教的知识一点点去实践，全方位多角度拍摄，反复对比每一个画面，不断琢磨寻找感觉。当别的同学逛街、聊天、休闲时，他都是扛着摄像机在校园里转悠，沉浸在自己的光影世界。

“我只有这一门技术，我要认真做，高标准严要求。”阿海毕业后应聘到电视台，被分配到驻外记者站，主要任务是及时报道各地

笔记栏

突发事件。拍摄、编辑、卫星传送、直播都要迅速及时、准确无误，面对如此大的场面，如此高的技术要求，阿海开始很紧张，备感压力。他利用一切机会接触转播车，熟悉各种功能，利用休息间隙回看往年各种直播片子，从各种突发事件的专题片中揣摩机位设置、镜头语言等，在吸取别人经验的同时迅速确定最适合的方案，凭借上学时的扎实功底，加上自己的揣摩演练，他很快就能上手，从拍摄、编辑到卫星传送，样样拿得起，有时候还负责导播。两个月后，他就被提升为记者站技术负责人。

“我热爱我的事业，我愿意终生为之奋斗。”十年的奔跑，奔跑中方向明确、目标坚定、脚踏实地；奔跑中踌躇满志、信心不移、欢欣愉悦；奔跑中纳新吐故、急徐有度、舒畅自然。阿海从没有停下奔跑的脚步，他的人生因为奔跑而流光溢彩。

课前问卷

1. 你觉得自己沟通能力怎么样？（0.5 分）

   A. 交流表达流畅，沟通协调顺畅

   B. 说话倒没问题，就是说不到重点

   C. 没事闲聊可以，一到正式场合就紧张

2. 你觉得自我管理能力怎么样？（0.5 分）

   A. 能够自控、自律和自我管理

   B. 想管理好自己，但是做不到

   C. 一直都是别人管理自己

3. 你觉得自己组织协调能力如何？（0.5 分）

   A. 经常进行组织协调实践，能力得到了提升

   B. 感觉不错，实践少

   C. 不知道，没实践过

任务资讯

1. 你感觉自己沟通能力怎么样？（1.0 分）

注释 4-1

注释 4-2

注释 4-3

笔 记 栏

2. 在未来职业岗位中除了专业技能还需要哪些能力？（1.0 分）

3. 如何提升自己的职业关键能力？（1.0 分）

【提示】任务资讯可查看：

注释 4-1（职业关键能力盘点 .pdf）

注释 4-2（职业关键能力盘点 1.mp4）

注释 4-3（职业关键能力盘点 2.pdf）

任务规划

本工单的任务规划如下：

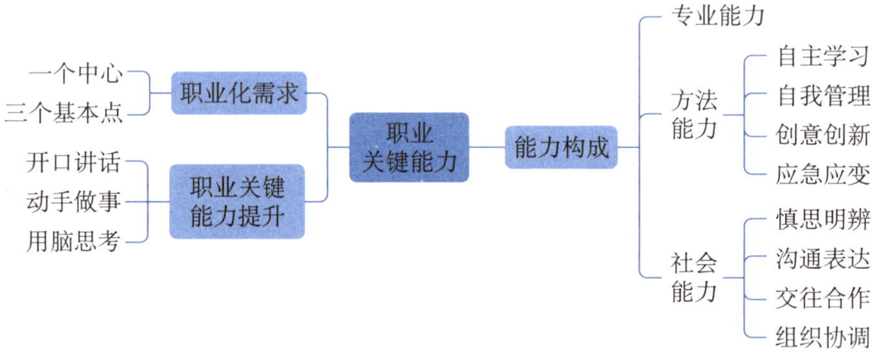

任务实施

本工单的任务实施如下：（5.0 分）

分析一下自己人际关系中的问题，并写出改进方案，并和同组同学进行讨论。

任务扩展

本工单的任务扩展要求如下：（4.5 分）

结合职业生涯人物梳理自己的能力图谱，并对照自己的职业关键能力制订提升计划。

任务日志

实施工单过程中填写如下日志：（0.5 分）

笔 记 栏

任务日志表

日期	工作内容	问题及解决方法

任务总结

完成上述任务后填写下列任务总结表：（0.5 分）

任务总结表

考核评价

工单实施考核评价表如下所示：

考核评价表

评分项	优秀要求	分值	备注
任务资讯	问题回答清晰准确，能够紧扣主题，没有明显错误项。	4	没完成不得分，回答正确取得相应分值。
任务实施	按照任务实施要求，积极参与小组的任务实施，最终形成小组实施成果。	5	没完成不得分，形成成果得 3 分，成果内容准确翔实得 3 分。

笔记栏

续表

评分项	优秀要求	分值	备注
任务扩展	通过各种途径搜集素材，得出自己的结论和观点，严禁网上直接摘抄。	4	没完成不得分，形成成果得 2 分，成果内容准确翔实得 1 分。
其他	日志和总结填写详细，能够反映实际工作过程。	2	没完成不得分，填写内容清晰翔实取得相应分值。

工单 5 劳动能力

基础信息

工单编号	C2301111110665	工单名称	劳动能力
工单类型	基础型工单	面向专业	各专业通用
工单大类	公共课程	能力面向	职业关键能力
职业岗位	全系列岗位		
实施方式	实际操作	考核方式	任务答辩
工单难度	中等	前序工单	
工单分值	15	完成时限	2
工单来源	就业创业教练	建议组数	10
组内人数	3	工单属性	私有工单
版权归属	杨克林	附件资源	4 个
考核点			
工单简介	作为一名大学生，要正确认识劳动，强化劳动观念，崇尚劳模精神，培养劳动精神，不断提高劳动能力，使自己成为一名德智体美劳全面发展的社会主义建设者和接班人。		
设备环境	硬件：装有 Win7 以上系统的 PC（能够连接互联网）。 软件：办公软件、图形处理软件等。		
教学方法	讨论式、探究式		
用途说明			
工单开发	杨克林	开发时间	2023-06

实施人员信息

姓名		班级		学号		电话	
隶属组		组长		岗位分工		伙伴成员	

笔记栏

任务目标

- 正确认识劳动；
- 崇尚劳模精神；
- 培养劳动精神。

任务说明

作为一名大学生，要正确认识劳动，强化劳动观念，崇尚劳模精神，培养劳动精神，积极参加各种社会实践，体悟劳动艰辛，感受劳动快乐，并通过劳动获得技能、磨炼意志、提升自我。

领航筑梦

唤醒数控机床灵魂的车间劳模

在车间机器不间断的轰鸣声中，穿着天蓝色工作服的刘江海从一排排数控机床的通道中走过，这个年轻的惠阳公司“劳模”有些腼腆，但一提起钟爱的数控机床，马上能侃侃而谈……

高考结束，刘江海考入当地某高职学校机电工程系学习数控技术。在校期间，他勤学好问，成绩优异，大一暑假就独自一人前往北京一家数控加工公司打工 40 多天，虽然只拿到微薄的报酬，但这激发了他对数控技术的无限热爱。大三找工作，刘江海通过层层面试，被来校招聘企业航空工业惠阳航空螺旋桨公司录用，最初因为被分配到普通设备组，接触不到自己心心念念的数控设备，刘江海也曾心情失落，但他很快调整自己，潜心进入工作状态中。他把“刻苦学习、艰苦奋斗”作为自己的座右铭，在出色完成自己本职工作外，不甘现状，“自讨苦吃”，找到车间领导，主动要求学习关键工序加工。

历经 3 年磨砺，刘江海终于被分到了关键岗，每天 8 点上班，他 6 点就到岗，包揽了开机关机、上下料、材料搬运等体力工作，抓

笔记栏

住一切机会学习，边干边琢磨。工作之余，他抓住一切机会勤学苦练，用废脚料一遍遍做实验，经常是前一天晚上干到 10 点，第二天一早就到车间开设备实验，每天有问不完的问题……不到一年，刘江海就把老师傅们做了几十年的绝活变成了自己傍身的本事，挑起了车间关键工序的大梁，成了一线生产的“技术大拿”，创造了车间的奇迹。

8 年来，刘江海一直坚守在工作第一线，不断实现对自己的突破和超越，对技术的创新与传承。他先后获得公司级“青年岗位能手”“质量先进个人”“惠阳亮星”“劳动模范”等荣誉称号。

课前问卷

1. 过去一年中，你参加了哪些劳动？（0.5 分）

A. 经常参加公益劳动和勤工俭学

B. 体力劳动很少，偶尔打扫教室卫生

C. 除了洗衣服、扫地几乎没有

2. 你对劳动的理解是什么？（0.5 分）

A. 实训及实践活动

B. 干体力活

C. 没考虑过，不太清楚

3. 你觉得自己应该怎样对待劳动？（0.5 分）

A. 积极参与，培养劳动精神

B. 正确看待，树立正确的劳动价值观

C. 能少干就少干，起不到什么作用

任务资讯

1. 如何正确认识劳动？（1.5 分）
2. 为什么要崇尚劳模精神？（1.5 分）
3. 如何培养劳动精神？（1.5 分）

注释 5-1

注释 5-2

注释 5-3

笔记栏

【提示】任务资讯可查看：

注释 5-1（劳动能力 .pdf）

注释 5-2（劳动能力 1.mp4）

注释 5-3（劳动能力 2.mp4）

任务规划

本工单的任务规划如下：

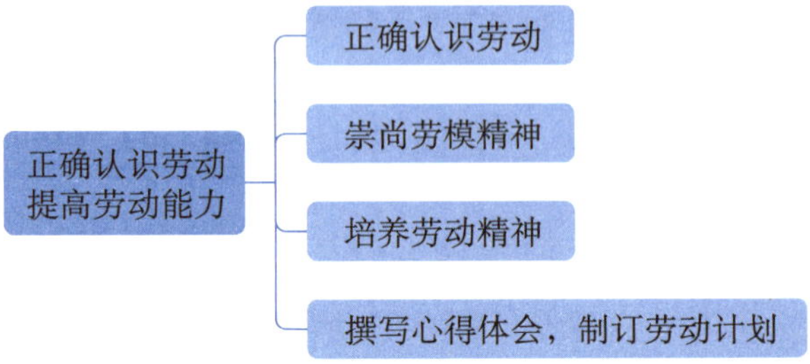

任务实施

本工单的任务实施如下：

1. 收集十位劳模、工匠的故事作为自己对标的榜样，撰写心得体会。（5.0 分）

同学们可以通过阅读“2022 年大国工匠年度人物及事迹”材料，也可以自己查找其他劳模、工匠的故事，作为自己对标的榜样，就深化对劳动和劳动精神的认识，以及自己如何向劳模学习撰写一篇 800 字左右的心得体会。

2. 制订自己的劳动计划，建立电子备忘录或请同学监督执行，上传不少于 3 次劳动成果或体会？（2.0 分）

注释 5-4

【提示】任务实施可查看注释 5-4（2022 年大国工匠年度人物及事迹 .pdf）

笔记栏

任务扩展

本工单的任务扩展要求如下：

回顾过往劳动经历，制作《劳动最光荣》纪念册。（2.0 分）

笔记栏

任务日志

实施工单过程中填写如下日志：（0.5 分）

任务日志表

日期	工作内容	问题及解决方法

任务总结

完成上述任务后填写下列任务总结表：（0.5 分）

任务总结表

考核评价

工单实施考核评价表如下所示：

笔记栏

考核评价表

评分项	优秀要求	分值	备注
任务资讯	问题回答清晰准确，能够紧扣主题，没有明显错误项。	4.5	没完成不得分，回答正确取得相应分值。
任务实施	按照任务实施要求，积极参与小组的任务实施，最终形成小组实施成果。	7	没完成不得分，形成成果得 3 分，成果内容准确翔实得 3 分。
任务扩展	通过各种途径搜集素材，得出自己的结论和观点，严禁网上直接摘抄。	2	没完成不得分，形成成果得 2 分，成果内容准确翔实得 1 分。
其他	日志和总结填写详细，能够反映实际工作过程。	1	没完成不得分，填写内容清晰翔实取得相应分值。

工单6 决策定位

基础信息

工单编号	C2301111110525	工单名称	决策定位
工单类型	基础型工单	面向专业	各专业通用
工单大类	素质拓展	能力面向	职业关键能力
职业岗位	全系列岗位		
实施方式	实际操作	考核方式	任务答辩
工单难度	中等	前序工单	
工单分值	15	完成时限	2
工单来源	就业创业教练	建议组数	10
组内人数	3	工单属性	私有工单
版权归属	杨克林	附件资源	3个
考核点			
工单简介	决策定位是个人根据自身及外部各种条件，经过一系列分析判断后，进行的目标确定，以及为实现目标而制定优选的个人行动方案。它是一个复杂的认知过程，需要亲自组织有关自我和职业环境的信息，仔细考虑各种可供选择的职业前景，做出相对笃定的选择。		
设备环境	台式电脑或笔记本电脑（能够连接互联网）		
教学方法	讨论式、探究式		
用途说明			
工单开发	杨克林	开发时间	2023-05

实施人员信息

姓名		班级		学号		电话	
隶属组		组长		岗位分工		伙伴成员	

笔记栏

任务目标

- 了解决策方法和自身决策风格；
- 掌握决策平衡单提升科学决策能力；
- 坚定理想信念明确努力方向。

任务说明

决策定位目标可以分为职业、经济收入、个人成长和精神满足，这四类目标基本上涵盖了人生的各个方面。在所有的人生目标中，职业目标是最基础的，是实现其他人生目标的前提。按照时间长短通常可以将职业目标分为短期目标、中期目标、长期目标和人生目标。了解自己的个性因素对于职业生涯的影响，明确社会职业的需求，确立自己职业生涯目标，从而利用决策平衡单做出自己的职业生涯决策。

领航之路

养牛场里的帅小伙

笃定的神态、安静的眼神、坚定的信念，心怀报效家乡的志愿，背着百宝箱行走在农场路上，不畏艰辛困苦，也不惧世俗眼光……这个帅小伙就是某高职学校畜牧兽医系优秀毕业生阿胜，目前在北京一家饲料公司任技术专员一职。

高中时阿胜本来学习美声，专业有一定优势，成绩名列前茅，被父母老师寄予厚望。但在高二那年，阿胜偶然看到一篇文章，介绍外国科学先进的畜牧养殖技术，他联想到自己家乡的养殖现状，想到祖祖辈辈一直重复着贫困生活，从那时起他就萌生强烈的念头，一定要学好畜牧养殖技术，将来回乡带动村民养殖致富，这一念想竟改变了他的人生。

高考报志愿，阿胜坚定地选择了畜牧兽医专业，在校期间他始终不忘自己的初心，努力学习，毕业时他毫不犹豫地把党员关系转回了家乡。大三实习时，他被推荐到北京一家饲料公司，他主动请

笔记栏

缨前往广丰牛场。那里条件艰苦、宿舍满员，他就住在牛场旁的杂物间里，里面仅有一张床。在那里，他开始学习做饲料投料单，每天做好饲料过滤，随时根据牛群状态调整日粮配方。凌晨三点半，他会准时起床，根据剩料量，制定下一次的投料份数，反复巡舍，仔细观察牛群状态。晚上回来还要趴在床上用手机照光总结一天的工作。就这样，他边工作边总结边学习，逐渐成长为技术骨干。养殖场工作脏累差，甩在身上随处可见的牛粪，全身洗不掉的牛棚味，高强度的体力劳动，他有过后悔也曾动摇过，但只要一想到家乡，想到父老乡亲，想到自己的壮志未酬，他又浑身充满了干劲。慢慢地，他习惯了农场的味道，喜欢上了这里的生活。

面对未来，阿胜打算先闯五六年，累积经验，增长见识，学习先进的养殖技术，然后回家乡发展养殖业。

课前问卷

1. 在过往的经历中，你做过哪些重大决定？（0.5 分）

A. 选择学校

B. 高考志愿

C. 没独立做过重大决定

2. 当你做决定时会怎么做？（0.5 分）

A. 请家长拿意见

B. 听取大家意见再自己判断

C. 自己分析判断

3. 你是否希望提高自己的决策能力？（0.5 分）

A. 非常想

B. 无所谓

C. 不需要

任务资讯

1. 你过往经历中的重大决策有哪些？（1.0 分）

注释 6-1

注释 6-2

注释 6-3

2. 在过往的决策中是听天由命、随大流或让父母等他人做主，还是？（1.0 分）

3. 你目前需要决策定位的选项有哪些？（1.0 分）

4. 如何使用决策平衡单进行决策。（1.0 分）

【提示】任务资讯可查看：

注释 6-1（决策定位 .pdf）

注释 6-2（决策定位 1.mp4）

注释 6-3（决策定位 2.mp4）

任务规划

本工单的任务规划如下：

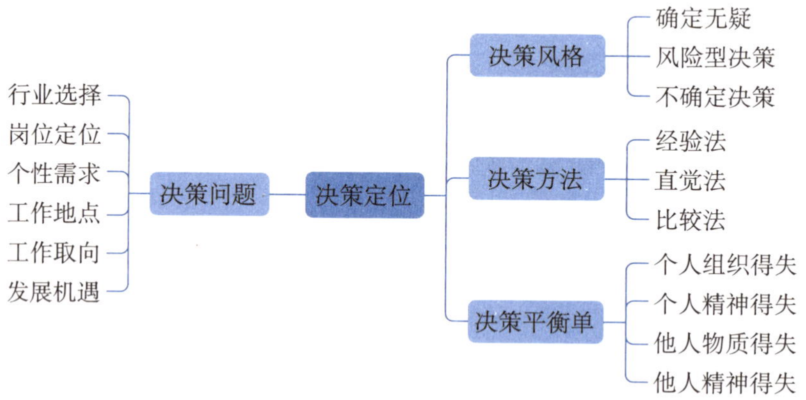

任务实施

本工单的任务实施如下：（5.0 分）

设计完成自己的决策平衡单，按照自身实际情况进行量化赋分，小组讨论交流并写出分析报告。

任务扩展

本工单的任务扩展要求如下：（4.0 分）

结合自身及小组同学的决策平衡单设计应用，确定自己的目标和职业发展方向，并在分析报告中呈现出来。

笔记栏

笔记栏

任务日志

实施工单过程中填写如下日志：（0.5 分）

任务日志表

日期	工作内容	问题及解决方法

任务总结

完成上述任务后填写下列任务总结表：（0.5 分）

任务总结表

考核评价

工单实施考核评价表如下所示：

考核评价表

评分项	优秀要求	分值	备注
任务资讯	问题回答清晰准确，能够紧扣主题，没有明显错误项。	4	没完成不得分，回答正确取得相应分值。

笔记栏

续表

评分项	优秀要求	分值	备注
任务实施	按照任务实施要求，积极参与小组的任务实施，最终形成小组实施成果。	5	没完成不得分，形成成果得3分，成果内容准确翔实得3分。
任务扩展	通过各种途径搜集素材，得出自己的结论和观点，严禁网上直接摘抄。	4	没完成不得分，形成成果得2分，成果内容准确翔实得1分。
其他	日志和总结填写详细，能够反映实际工作过程。	2	没完成不得分，填写内容清晰翔实取得相应分值。

工单 7 生涯管理

基础信息

工单编号	C2301111110700	工单名称	生涯管理
工单类型	基础型工单	面向专业	各专业通用
工单大类	素质拓展	能力面向	职业关键能力
职业岗位	全系列岗位		
实施方式	实际操作	考核方式	操作演示
工单难度	中等	前序工单	
工单分值	15	完成时限	2
工单来源	就业创业教练	建议组数	10
组内人数	3	工单属性	私有工单
版权归属	杨克林	附件资源	3 个
考核点			
工单简介	职业生涯管理是通过分析、评价自我的能力、兴趣、价值观等，确定组织和个人双方能够接受的职业生涯目标，并通过培训、工作轮换、丰富工作经验等一系列措施，逐步实现员工职业生涯目标的过程。它包含两重含义：一是组织针对个人和组织发展需要所实施的职业生涯管理，称为组织职业生涯管理；二是个人为自己的职业生涯发展而实施的管理，称为自我职业生涯管理。		
设备环境	台式电脑或笔记本电脑（能够连接互联网）		
教学方法	讨论式、探究式		
用途说明			
工单开发	杨克林	开发时间	2023-07

实施人员信息

姓名		班级		学号		电话	
隶属组		组长		岗位分工		伙伴成员	

笔记栏

任务目标

- 熟悉职业生涯规划知识及方法；
- 掌握评估调整和时间管理能力；
- 养成自我管理意识不断迭代。

任务说明

职业生涯管理包括组织和个人两个主体：一方面，组织从自身发展目标出发，将员工个人职业发展需要与组织目标相结合；另一方面，作为员工为寻求个人发展，从个人角度出发全面认识自我与环境，以组织为依托，通过个人对组织发展的贡献实现个人职业发展目标的过程。在职业发展的过程中，需要通过不断的评估和反馈来检验和评价行动的效果。职业生涯规划也需要经由实践的检验而不断完善。

领航筑梦

读万卷书，行万里路

李佳是某高职院校旅游与酒店管理专业的毕业生。“倡导健康生活方式，打造属于市民的体贴便捷的旅行规划师；将旅行和户外运动结合，做有温度的体验式旅行的领航者。”这是他的名片。抢占先机、瞄准风口、勇立潮头，这是身经百战的李佳的创业故事。

聊起创业念头，李佳说，对他触动非常大的是大一下学期职业生涯规划课，课程要求对自己的职业未来做出规划，一语点醒有志青年，从那时起，他暗自给自己定下职业目标：5 年内开自己的第一家公司，10 年内开自己的第二家大公司。

梦想召唤，目标驱使，大一暑假，他就径直跑到旅行社开始实习生涯，从前台接待开始做起，他热情周到、耐心细致的服务得到了客户的肯定。“其实一个导游的亲历，远比电视剧要丰富精彩得多，第一次带团北上木兰围场，晕车特别厉害，几乎是走一路吐一路，痛苦不堪，完全是硬撑下来的”。上海世博会每周密集带团往返，节奏紧张，团次频繁，最忙的时候忙到没时间换衣服、没时间看病，体重从 120 斤掉到 104 斤，整个人完全脱了形。曾经在世博园高烧 39 度，当时下着小雨，他主动把伞让给客人，自己全身淋湿哆哆嗦嗦地在雨中待了近 5 个小时。太多危难险重的情况，都在他灵活、坚持中度过。这一年也是李佳的职业爆发年，全年累积带团天数高达 250 天，高强度、超负荷，堪称业界劳模。也是这一年的付出，让他积累下创业的第一桶金。随后三年间，他凭借扎实的基础、灵活的能力、出色的业绩，为旅行社不断刷新业绩。很多游客都点名要李佳带团，俨然成为旅行社的一大招牌。从导游、计调、副总经理，李佳一步一个脚印地拼出自己的格局，积累了丰富的旅游资源和人脉经验。

笔记栏

课前问卷

1. 你的职业规划考虑了几年？（0.5 分）
   A. 十年
   B. 一年
   C. 不确定

2. 你怎么管理自己的职业规划或计划？（0.5 分）
   A. 有周密的长短期计划，严格执行，并能及时调整
   B. 只有大概目标，没有近期具体计划
   C. 没计划，顺其自然

任务资讯

1. 你对自己指定的职业生涯规划是如何评估调整的？（1.0 分）
2. 举例评估一下自己的效率？（1.0 分）
3. 结合 PDCA 管理方法总结一个自我管理的成功事项？（1.0 分）
4. 如何结合求职就业进行时间管理。（1.0 分）

【提示】任务资讯可查看：

注释 7-1（生涯管理 .pdf）

注释 7-1

注释 7-2（生涯管理 1.mp4）

注释 7-3（生涯管理 2.mp4）

注释 7-2

注释 7-3

笔记栏

任务规划

本工单的任务规划如下：

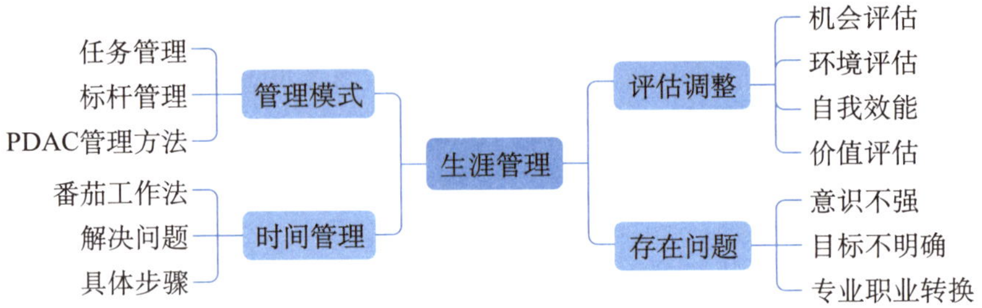

任务实施

本工单的任务实施如下：（5.0 分）

为自己做出的职业规划进行一次体检，评估实施成效并做出调整方案。

任务扩展

本工单的任务扩展要求如下：（4.0 分）

结合自身及小组同学的决策平衡单设计应用，确定自己的目标方向，并在分析报告中呈现出来。

任务日志

实施工单过程中填写如下日志：（0.5 分）

任务日志表

日期	工作内容	问题及解决方法

续表

日期	工作内容	问题及解决方法

笔记栏

任务总结

完成上述任务后填写下列任务总结表：（0.5 分）

任务总结表

考核评价

工单实施考核评价表如下所示：

考核评价表

评分项	优秀要求	分值	备注
任务资讯	问题回答清晰准确，能够紧扣主题，没有明显错误项。	4	没完成不得分，回答正确取得相应分值。
任务实施	按照任务实施要求，积极参与小组的任务实施，最终形成小组实施成果。	5	没完成不得分，形成成果得 3 分，成果内容准确翔实得 3 分。
任务扩展	通过各种途径搜集素材，得出自己的结论和观点，严禁网上直接摘抄。	4	没完成不得分，形成成果得 2 分，成果内容准确翔实得 1 分。
其他	日志和总结填写详细，能够反映实际工作过程。	2	没完成不得分，填写内容清晰翔实取得相应分值。

工单 8 学业评估

基础信息

工单编号	C2301111110701	工单名称	学业评估
工单类型	基础型工单	面向专业	各专业通用
工单大类	素质拓展	能力面向	职业关键能力
职业岗位	全系列岗位		
实施方式	实际操作	考核方式	操作演示
工单难度	中等	前序工单	
工单分值	15	完成时限	2
工单来源	就业创业教练	建议组数	10
组内人数	3	工单属性	私有工单
版权归属	杨克林	附件资源	4 个
考核点			
工单简介	在现实生活中，劳动者总是要在一定的职业岗位上实现就业。每个专业都有对应的职业岗位群，每个职业岗位都有对技能掌握的具体要求。不同岗位需要的专业技能不同，通过学业评估可以清晰盘点专业技能，从而匹配岗位，发挥优势专业技能。		
设备环境	台式电脑或笔记本电脑（能够连接互联网）		
教学方法	讨论式、探究式		
用途说明			
工单开发	杨克林	开发时间	2023-07

实施人员信息

姓名		班级		学号		电话	
隶属组		组长		岗位分工		伙伴成员	

笔记栏

任务目标

- 了解所学专业人才培养方向；
- 盘点自身专业技能；
- 积极对应就业岗位。

任务说明

了解职业分类状况、职业制度和职业发展趋势，结合所学专业分析经济社会发展的最新人才需求。结合自己的专业方向积极拓展就业面向，以及具体岗位需求。分析岗位需求信息，对照自己的专业技能做出提升计划：

（1）为什么要选择此项工作（why）？

（2）岗位工作的内容是什么（what）？

（3）由谁来完成（who）？

（4）什么时候胜任岗位（when）？

（5）在哪里完成（where）？

（6）怎样完成此项工作（how）？

（7）做到什么程度、质量怎样（how much）？

领航筑梦

一名“后进”青年的逆袭成长

小武是掌管一家约 160 平方米的中型医院的某高职院校宠物专业的毕业生。多年来，小武坚守职业初心，从后进青年一路逆袭，成长为行家里手和创业先锋。

从“学渣”逆袭成“学霸”。高考结束后小武报考了畜牧兽医系宠物专业，决心学好一门技术立足社会。开学之初，他发现自己入学成绩是全班倒数第一，不甘人后的他开始拼命学习，奋起直追。每天早出晚归，追导师跑、与同学聊、泡图书馆、扎实验室、买参考书，经过一年的刻苦努力，他终于实现了成绩逆袭。大二开始，

笔记栏

他主动申请到动物医院顶岗实习，每天清早第一个冲进医院打扫卫生、遛狗喂食，一丝不苟，努力做到最好，很快成长为动物医院的主力和带班人。

从新学徒逆袭成专业手。大三时，小武被系里推荐到北京某宠物医院顶岗实习。作为新学徒、后来者，小武又一次开启反超逆袭。他不怕脏累，专业细致地做好遛狗、换托盘等基础护理；事无巨细，详细记录每个病例、每份诊断；勇于实践，几乎无一遗漏地把住院部所有的狗和猫都听了个遍。为争取更多的实践机会，他主动申请留在医院守夜。就这样坚持了半年多，小武成为上手和进步最快的员工。

从零起步到逆袭成口碑医院，毕业一年后，厚积薄发的小武开起了自己的动物医院。凭借专业技术和真诚服务，小武渐渐有了稳定的客户群，也开始忙碌起来。随着医院一天天发展壮大，每年毕业季他都回母校招聘人才。他也会鼓励学弟学妹："吃得苦中苦，方为人上人。你想过什么样的人生，全看你自己的选择。如果想要逆袭，不妨从现在开始为自己不断充电，获取核心竞争力。要说必胜绝招，就是把你的全部奉献给你所热爱的事业。"

课前问卷

1. 你做过学业评估吗？（0.5 分）
   A. 做过学校的，也自己评估
   B. 没做过
   C. 不记得了
2. 做学业评估有必要吗？（0.5 分）
   A. 感觉很有必要，应该定期做
   B. 感觉没必要
   C. 可以做，但不会做
3. 自己给自己打分准确吗？（0.5 分）
   A. 客观看待，认真思考，会比较准
   B. 说不好
   C. 最好由老师或同学来评分

任务资讯

1. 你感觉自己的学业水平怎么样？（1.0 分）

2. 所学专业你掌握最突出的技能是什么？（1.0 分）

3. 你知道就业岗位对专业技能的具体要求吗？（1.0 分）

【提示】任务资讯可查看：

注释 8-1（学业评估 .pdf）

注释 8-2（学业评估 1.mp4）

注释 8-3（学业评估 2.mp4）

注释 8-4（学业评估 3.mp4）

注释 8-1

注释 8-2

注释 8-3

注释 8-4

笔 记 栏

任务规划

本工单的任务规划如下：

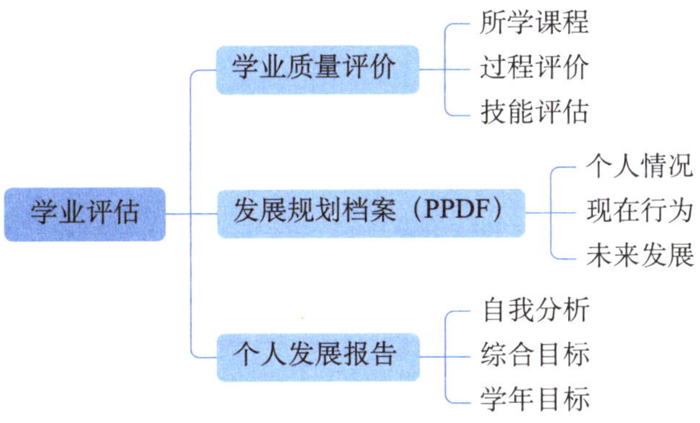

任务实施

本工单的任务实施如下：（5.0 分）

1. 盘点一下自己的学业成绩，进行统计分析。

2. 梳理一下自己所掌握的专业技能，并按熟练程度进行排序。

3. 通过招聘网站了解目标岗位所需技能，并对照自己掌握的技能进行匹配。

笔记栏

任务扩展

本工单的任务扩展要求如下：（4.5 分）

结合自己专业学习绘制出自己所学专业知识图谱，标注出掌握程度并制订相应的学习计划。

任务日志

实施工单过程中填写以下日志：（0.5 分）

任务日志表

日期	工作内容	问题及解决方法

任务总结

完成上述任务后填写下列任务总结表：（0.5 分）

任务总结表

笔记栏

考核评价

工单实施考核评价表如下所示：

考核评价表

评分项	优秀要求	分值	备注
任务资讯	问题回答清晰准确，能够紧扣主题，没有明显错误项。	6	没完成不得分，回答正确取得相应分值。
任务实施	按照任务实施要求，积极参与小组的任务实施，最终形成小组实施成果。	5	没完成不得分，形成成果得 3 分，成果内容准确翔实得 3 分。
任务扩展	通过各种途径搜集素材，得出自己的结论和观点，严禁网上直接摘抄。	2	没完成不得分，形成成果得 2 分，成果内容准确翔实得 1 分。
其他	日志和总结填写详细，能够反映实际工作过程。	2	没完成不得分，填写内容清晰翔实取得相应分值。

工单 9 就业形势

基础信息

工单编号	C2301111110524	工单名称	就业形势
工单类型	基础型工单	面向专业	各专业通用
工单大类	素质拓展	能力面向	职业关键能力
职业岗位	全系列岗位		
实施方式	实际操作	考核方式	任务答辩
工单难度	中等	前序工单	
工单分值	15	完成时限	2
工单来源	就业创业教练	建议组数	10
组内人数	3	工单属性	私有工单
版权归属	杨克林	附件资源	3 个
考核点			
工单简介	作为一名大学生，认清就业形势并了解党和国家的相关就业政策，树立正确的择业观、就业观，有助于紧跟时代步伐，为顺利就业做好相关准备。		
设备环境	硬件：装有 Win7 以上系统的 PC（能够连接互联网）。 软件：办公软件、图形处理软件等。		
教学方法	讨论式、探究式		
用途说明			
工单开发	杨克林	开发时间	2023-05

实施人员信息

姓名		班级		学号		电话	
隶属组		组长		岗位分工		伙伴成员	

笔记栏

任务目标

- 认清当前的就业形势，分析当前就业环境；
- 了解就业程序与就业环境；
- 树立正确的择业、就业观念，为就业做好准备。

任务说明

通过登录“国家大学生就业服务平台”以及其他国家、省、市就业信息平台，了解当前就业形势和就业政策。根据了解到的就业形势和就业政策，思考个人应该树立怎样的择业、就业观念。

领航筑梦

大学生回乡当猪倌 靠技能敲开致富门

当许多农村娃跳出“农门”，在城市里打拼一片天地的时候，毕业于某高职院校畜牧兽医系的刘洋，却一头扎回农村，当起了“猪倌”。

从那以后，人们每天都可以在猪场看到刘洋忙碌的身影。无论是拌饲料、喂猪、清猪粪，还是母猪配种、仔猪接产、疾病防疫、猪场消毒，他都亲力亲为，从早晨4点钟一直忙到晚上9点多才结束。在刘洋的辛苦打拼下，猪场的母猪已有33头，存栏生猪达到400多头。

回乡养猪，他做的第一件创新事就是改造猪舍，提高猪的“福利待遇”。同时，他改造监控设备，利用一台电脑、一根网线、几个摄像头，实现了坐在电脑面前将整个养殖场“尽收眼底”；再在手机里下载个远程智能监控系统同步App，只要有网络，在任何地方都可以对养殖场的情况了如指掌，省时省力，方便快捷。自监控设备投入使用以来，仔猪成活率提升到90%以上。

随后，刘洋开始扩建自家养猪场。为此，他跑遍了周边的大规模养殖场，回母校请教老师，流转了30亩土地，制定了科学可行的

笔记栏

标准化猪场建设方案。谈起新猪场建设，这个皮肤黝黑、不善言辞的小伙子脸上泛起了红光，“猪场还将建设生态型、环保型、能源型的污水处理系统，猪排泄物通过管道集中收集后，通过在沼气池内发酵处理，利用沼气取暖、发电，固体物可以加工成有机肥，液态物可浇地施肥，真正实现零排放”。在理想的激励下，刘洋注册成立了“××饲养场”。

“几年后，我的饲养场里每年至少要出栏 5 000 头猪，成为本县规模最大的山前养猪场。”对于未来的规划，刘洋显得十分有信心。他说自己是个“愿意吃苦的养猪农民”，在科学养猪的路上越干越有劲头，越干越有信心，虽然创业小有成绩，但创业梦始终在路上。

课前问卷

1. 你知道当前大学生的就业形势吗？（0.5 分）

A. 有较为全面的了解

B. 好像不乐观，但是具体不清楚

C. 准备了解

D. 不了解

2. 你知道当前就业手续办理的流程吗？（0.5 分）

A. 知道

B. 知道但不全面

C. 准备了解

D. 不了解

任务资讯

1. 通过查阅资料，试回答当前大学生就业环境和就业形势怎样？（2.0 分）

2. 通过查阅资料，了解一下当前大学生就业有哪些政策？（1.0 分）

3. 高校大学生应该树立怎样的择业观、就业观？（2.0 分）

【提示】任务资讯可查看：

注释 9-1（大学生就业环境分析和当前就业形势 .pdf）

注释 9-2（高校毕业生等青年就业创业政策汇编 .pdf）

注释 9-3（树立正确择业观就业观 .pdf）

注释 9-1

注释 9-2

注释 9-3

任务规划

本工单的任务规划如下：

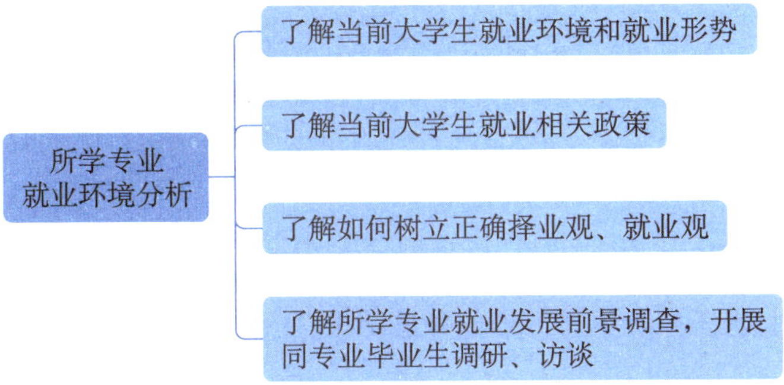

任务实施

本工单的任务实施如下：

结合自己所学专业，整理一份个人所学专业的就业环境分析报告。（5.0 分）

通过查阅资料，了解所学专业就业发展前景，开展同专业毕业生就业调研、访谈，简单整理一份个人所学专业就业环境分析报告，从就业形势、就业政策、行业发展前景进行分析，最后简单谈一下个人就业观念。

任务扩展

本工单的任务扩展要求如下：

通过对当前就业形势的了解，谈谈如何为个人顺利就业做准备？（3.0 分）

任务日志

实施工单过程中填写如下日志：（0.5 分）

笔记栏

笔记栏

任务日志表

日期	工作内容	问题及解决方法

任务总结

完成上述任务后填写下列任务总结表：（0.5 分）

任务总结表

考核评价

工单实施考核评价表如下所示：

考核评价表

评分项	优秀要求	分值	备注
任务资讯	问题回答清晰准确，能够紧扣主题，没有明显错误项。	5	没完成不得分，回答正确取得相应分值。
任务实施	按照任务实施要求，积极参与小组的任务实施，最终形成小组实施成果。	5	没完成不得分，形成成果得 3 分，成果内容准确翔实得 3 分。

续表

评分项	优秀要求	分值	备注
任务扩展	通过各种途径搜集素材，得出自己的结论和观点，严禁网上直接摘抄。	3	没完成不得分，形成成果得 2 分，成果内容准确翔实得 1 分。
其他	日志和总结填写详细，能够反映实际工作过程。	1	没完成不得分，填写内容清晰翔实取得相应分值。

笔记栏

工单 10 就业路径

基础信息

工单编号	C2301111110526	工单名称	就业路径
工单类型	基础型工单	面向专业	各专业通用
工单大类	素质拓展	能力面向	职业关键能力
职业岗位	全系列岗位		
实施方式	实际操作	考核方式	任务答辩
工单难度	中等	前序工单	
工单分值	16	完成时限	2
工单来源	就业创业教练	建议组数	10
组内人数	3	工单属性	私有工单
版权归属	杨克林	附件资源	4 个
考核点			
工单简介	近年来，随着我国经济产业结构的升级转型，实用型、技术型的人才缺口日渐突出，而职业院校毕业生在国家经济建设中发挥着重要的作用。分析职业院校毕业生就业存在的困境并提供有效的路径，对促进职业院校学生成才与就业和职业教育的发展十分必要。		
设备环境	台式电脑或笔记本电脑（能够连接互联网）		
教学方法	讨论式、探究式		
用途说明			
工单开发	杨克林	开发时间	2023-05

实施人员信息

姓名		班级		学号		电话	
隶属组		组长		岗位分工		伙伴成员	

笔记栏

任务目标

- 了解大学生主要的就业方式；
- 分析大学生就业的困境；
- 探索大学生就业的路径。

任务说明

了解当前大学生主要的就业方式，分析当前大学生就业的困境，并结合自身实际，探索个人的就业路径。

领航筑梦

锚定初心，筑梦在建设工地上

夏日的清晨，某施工现场闪现着一个年轻壮硕的身影，他就是项目生产经理高强。起早转工地，提前订计划，是这个自律的年轻人从业 10 年来的工作习惯。无论冬夏寒暑，他总是第一个打卡到岗，始终坚持一线工作法，用脚步丈量工地的每个角落，用钉钉子的精神解决工作中遇到的每个问题，把自己的初心和梦想锚定在建设工地上。

2011 年，职中毕业的高强怀着对建筑行业的热爱，对口考入了当地某高职院校建筑工程系继续学习深造。专业基础扎实，学习勤奋刻苦，学霸级的高强多次获得学院奖学金、助学金，国家励志奖学金，并在校考取了测量证、施工证、资料员证。大二刚开学时，高强主动请缨到建筑一线工学结合，被夸赞能吃苦肯钻研，是干工程的好苗子。大学毕业后，拥有丰富一线经验和二级工程建造师证书的高强，进入一家建筑公司项目部，正式开始了与钢筋混凝土为伴的生涯。从施工员、技术员晋升到技术总工，高强仅用了半年时间。

2014 年，高强第一次负责重点工程项目，他风雨无阻，靠前指挥，紧盯施工过程，注重每一个环节细节，四年如一日的忘我投入，

笔记栏

他不负众望，斩获了河北省优质工程奖。

10年打拼，高强不断在提升项目管理水平中总结特色管理方法，多次带领团队在工程质量创优、工期履约、安全文明施工控制、成本节约和新技术应用等方面取得优异成绩，先后获得“优秀团队”“优秀个人”“优秀项目经理”称号，并取得一级建造师资格。如今，这位热爱建筑施工的小伙，依旧笃守施工一线，比任何时候都更加坚定自己的选择。

课前问卷

1. 你了解大学生落实就业的方式吗？（0.5分）
   A. 非常了解，并能简单说明
   B. 就是找个工作
   C. 不清楚

2. 你了解当前大学生就业的困境吗？（0.5分）
   A. 比较清楚
   B. 我没什么困惑
   C. 不了解

任务资讯

1. 目前大学生落实就业的方式有哪些？（1.5分）
2. 大学生就业的主要途径有哪些？（1.5分）
3. 当前大学生就业的困境有哪些？（2.0分）

【提示】任务资讯可查看：注释10-1（大学生主要的就业方式.pdf）
注释10-2（大学生就业主要途径.pdf）
注释10-3（高职大学生就业的困境.pdf）

注释10-1

注释10-2

注释10-3

任务规划

本工单的任务规划如下：

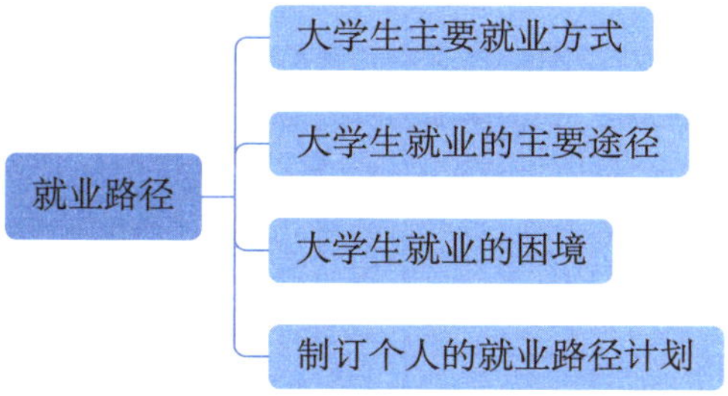

笔记栏

任务实施

本工单的任务实施如下：

1. 分析本专业毕业生就业的方向。（2.0 分）

通过查阅专业招生简章和网络查询招聘信息，结合之前开展的职业生涯人物访谈活动，进行分组讨论。简要分析撰写所学专业的就业方向，200～300 字。

2. 结合个人实际，撰写 800 字左右的个人的就业路径计划。（5.0 分）

撰写内容要求：结合个人的性格、兴趣、价值观、能力等方面特点确定个人就业方向（300 字左右），制订个人的就业路径计划（500 字左右）。

任务扩展

本工单的任务扩展要求如下：（2.0 分）

查找与个人就业路径相关的资讯，进一步完善个人就业路径计划，列出实施时间表。

任务日志

实施工单过程中填写如下日志：（0.5 分）

任务日志表

日期	工作内容	问题及解决方法

笔记栏

续表

日期	工作内容	问题及解决方法

任务总结

完成上述任务后填写下列任务总结表：（0.5 分）

任务总结表

考核评价

工单实施考核评价表如下所示：

考核评价表

评分项	优秀要求	分值	备注
任务资讯	问题回答清晰准确，能够紧扣主题，没有明显错误项。	5	没完成不得分，回答正确取得相应分值。
任务实施	按照任务实施要求，积极参与小组的任务实施，最终形成小组实施成果。	7	没完成不得分，形成成果得 3 分，成果内容准确翔实得 3 分。
任务扩展	通过各种途径搜集素材，得出自己的结论和观点，严禁网上直接摘抄。	2	没完成不得分，形成成果得 2 分，成果内容准确翔实得 1 分。
其他	日志和总结填写详细，能够反映实际工作过程。	1	没完成不得分，填写内容清晰翔实取得相应分值。

工单 11 岗位分析

基础信息

工单编号	C2301111110518	工单名称	岗位分析
工单类型	基础型工单	面向专业	各专业通用
工单大类	素质拓展	能力面向	职业关键能力
职业岗位	全系列岗位		
实施方式	实际操作	考核方式	任务答辩
工单难度	难	前序工单	
工单分值	16	完成时限	2
工单来源	就业创业教练	建议组数	10
组内人数	3	工单属性	私有工单
版权归属	杨克林	附件资源	5 个
考核点			
工单简介	在了解产业、行业、职业分类的基础上，通过查阅资料，能够对某一具体职业或行业的现状与发展趋势进行分析和评价，并能对某一具体职业岗位的工作环境、工作内涵、素质能力要求进行了解和探索。		
设备环境	硬件：装有 Win7 以上系统的 PC（能够连接互联网）。 软件：办公软件、图形处理软件等。		
教学方法	探究式、讨论式、参与式		
用途说明			
工单开发	杨克林	开发时间	2023-05

实施人员信息

姓名		班级		学号		电话	
隶属组		组长		岗位分工		伙伴成员	

笔记栏

任务目标

- 了解产业分类、行业分类、职业分类；
- 了解岗位分析的作用；
- 了解岗位说明书相关知识；
- 了解职业资格证书有关知识；
- 结合自己所学专业进行职业岗位分析，编写目标职业岗位说明书；
- 结合个人现状制订学习计划。

任务说明

同学们可以在网上搜索与任务相关的文献、资料；通过走访毕业校友或目标职业岗位认识完成《职业生涯人物访谈报告》，并结合所学专业对将来求职的启发，以及所学专业可以为自己的理想工作做什么，写出自己在活动结束后对于各职业岗位的理解；编写目标职业岗位说明书，理解岗位说明书要说明的七个核心问题，并对岗位说明书进行优化；对自己的学习进行合理规划，并认真执行。

领航筑梦

做“敢想敢为、善作善成”的青年

习近平总书记在党的二十大报告中勉励广大青年要坚定不移听党话、跟党走，怀抱梦想又脚踏实地，敢想敢为又善作善成。在新的征程上，青年是追梦逐梦的奔跑者、干事创业的生力军、团结奋进的承担者，要牢记“三个务必”，保持谦虚谨慎、不骄不躁的作风，在艰苦奋斗、埋头苦干征途中绽放绚丽之花。

对目标职业岗位进行分析，就是同学们脚踏实地地开始为职业理想做准备的重要内容。同学们可以通过岗位分析很好地收集目标职业岗位相关的信息，这可以为制订科学合理的学习计划打下良好的基础，真正地实现总书记所说的“敢想敢为、善作善成”。

课前问卷

1. 你了解自己的优势能力吗？（0.5 分）

A. 始终非常了解

B. 时而了解时而不清楚

C. 很困惑说不清

2. 你认为自己能胜任目标就业岗位吗？（0.5 分）

A. 没问题，已对接

B. 不确定，没把握

C. 没信心，没兴趣

3. 你知道就业岗位对专业技能的具体要求吗？（0.5 分）

A. 很明确，能达到

B. 了解过，有差距

C. 不知道，没考虑

笔记栏

任务资讯

1. 通过查阅资料，简要回答当前我们国家产业分类、行业分类、职业分类的情况。（1.5 分）

2. 通过查阅资料，简要回答岗位分析的作用。（1.0 分）

3. 通过查阅资料，了解什么是职业资格证书。（1.0 分）

4. 企业基础职能岗位有哪些？（1.0 分）

【提示】任务资讯可查看：

注释 11-1（当前我国产业、行业、职业分类情况 .pdf）

注释 11-2（岗位分析的作用和意义与岗位说明书 .pdf）

注释 11-3（职业资格证书 .pdf）

注释 11-4（企业基础职能岗位 .pdf）

注释 11-1

注释 11-2

注释 11-3

注释 11-4

任务规划

本工单的任务规划如下：

笔记栏

- 制订学习计划
  - 基本知识学习
    - 了解当前我国产业分类、行业分类、职业分类有关知识
    - 了解岗位分析的作用、岗位说明书相关知识、职业资格证书相关知识
    - 了解企业基础职能岗位
  - 职业生涯人物访谈
    - 开展个人相近、相关岗位职业生涯人物访谈
  - 编写并优化个人目标职业岗位说明书
    - 1.为什么要选择此项工作（why）？
    - 2.岗位工作的内容是什么（what）？
    - 3.由谁来完成（who）？
    - 4.什么时候胜任岗位（when）？
    - 5.在哪里完成（where）？
    - 6.怎样完成此项工作（how）？
    - 7.做到什么程度、质量怎样（how much）？

任务实施

本工单的任务实施如下：

1. 编写一份个人目标职业岗位说明书。（3.0 分）

根据招聘岗位要求、人物访谈、查找资料等方式，编写一份个人目标职业岗位说明书，并围绕岗位说明书要说明的七个核心问题内容进行优化。

（1）为什么要选择此项工作（why）？

（2）岗位工作的内容是什么（what）？

（3）由谁来完成（who）？

（4）什么时候胜任岗位（when）？

（5）在哪里完成（where）？

（6）怎样完成此项工作（how）？

（7）做到什么程度、质量怎样（how much）？

2. 制订详细的专业学习计划。（4.0 分）

注意短期和中长期目标要相结合，落实措施要实际可行，学习计划时间安排合理，学习计划得到本专业两位老师以及三名学长的认可。

任务扩展

本工单的任务扩展要求如下：

"赢在执行"打卡活动：开展学习计划落实打卡活动，坚持一个月，每天进行计划落实打卡。（2.0 分）

笔记栏

任务日志

实施工单过程中填写如下日志：（0.5 分）

任务日志表

日期	工作内容	问题及解决方法

任务总结

完成上述任务后填写下列任务总结表：（0.5 分）

任务总结表

考核评价

工单实施考核评价表如下所示：

笔记栏

考核评价表

评分项	优秀要求	分值	备注
任务资讯	问题回答清晰准确，能够紧扣主题，没有明显错误项。	4.5	没完成不得分，回答正确取得相应分值。
任务实施	按照任务实施要求，积极参与小组的任务实施，最终形成小组实施成果。	7	没完成不得分，形成成果得 3 分，成果内容准确翔实得 3 分。
任务扩展	通过各种途径搜集素材，得出自己的结论和观点，严禁网上直接摘抄。	2	没完成不得分，形成成果得 2 分，成果内容准确翔实得 1 分。
其他	日志和总结填写详细，能够反映实际工作过程。	1	没完成不得分，填写内容清晰翔实取得相应分值。

工单 12 求职信息

基础信息

工单编号	C2301111110702	工单名称	求职信息
工单类型	基础型工单	面向专业	各专业通用
工单大类	素质拓展	能力面向	职业关键能力
职业岗位	全系列岗位		
实施方式	实际操作	考核方式	操作演示
工单难度	中等	前序工单	
工单分值	16	完成时限	2
工单来源	就业创业大赛	建议组数	10
组内人数	3	工单属性	私有工单
版权归属	杨克林	附件资源	4 个
考核点			
工单简介	求职信息的检索是大学生求职择业的前提和必备条件，关系到求职择业的成败。在快速发展的信息化时代，求职不仅是个人实力的竞争，也是信息的竞争。本工单以对求职信息获取途径进行分类、甄别求职信息为任务，帮助同学们更好地掌握求职信息甄别的技巧。		
设备环境	台式电脑或笔记本电脑（能够连接互联网）		
教学方法	讨论式、探究式		
用途说明			
工单开发	杨克林	开发时间	2023-07

实施人员信息

姓名		班级		学号		电话	
隶属组		组长		岗位分工		伙伴成员	

笔记栏

任务目标

- 认识常用的求职信息获取途径；
- 初步认识求职信息甄别的注意事项；
- 掌握求职信息检索的方法；
- 培养学生规划管理能力和实践动手能力；
- 培养学生一丝不苟、细致严谨的工作作风。

任务说明

临近毕业，有的同学早早地就开始搜集求职信息了，小智和小慧越发地焦虑起来，求职信息获取途径众多，究竟应该如何选择？获取过程中有哪些注意事项？又该如何筛选出有用的求职信息？本工单以对求职信息获取途径进行分类、甄别求职信息为任务帮助同学们更好地掌握求职信息甄别的技巧。

领航筑梦

就业是最基本的民生

党的二十大报告提出了促进高质量充分就业的目标要求。这是党中央全面把握我国发展阶段性特征，对就业工作做出的重大战略部署。贯彻落实党的二十大精神，党中央国务院对做好当前就业工作做出了一系列的部署和安排。

在中央经济工作会议上，习近平总书记强调：落实落细就业优先政策，把促进青年特别是高校毕业生就业工作摆在更加突出的位置。

在中央政治局会议上，习近平总书记强调：要切实保障和改善民生，强化就业优先导向，扩大高校毕业生就业渠道，稳定农民工等重点群体就业。

习近平总书记视察河北省时指出：坚决坚持就业优先，完善就业创业引导政策，加强推进公共服务共建共享，强化就业优先政策，促进京津冀地区更加充分更高质量就业。

笔记栏

课前问卷

1. 你觉得网络求职信息可信吗？（0.5 分）
   A. 真假难辨，骗子很多
   B. 应该可信吧，没有被骗过
   C. 通过官宣学会甄别信息
2. 你觉得就业信息应该如何获取？（0.5 分）
   A. 自己网络搜索
   B. 大型招聘网站
   C. 学校发布信息
3. 你知道如何检索就业信息吗？（0.5 分）
   A. 知道但是没实践
   B. 很熟悉，经常浏览
   C. 不知道需要学习什么任务资讯

任务资讯

1. 列举五种求职信息获取途径？（1.0 分）
2. 甄别求职信息的注意事项有哪些？（1.0 分）
3. 列举五项求职信息检索的关键词？（1.0 分）

【提示】任务资讯可查看：
注释 12-1（求职信息 .pdf）
注释 12-2（求职信息 1.mp4）
注释 12-3（求职信息 2.mp4）

注释 12-1

注释 12-2

注释 12-3

任务规划

本工单的任务规划如下：

笔记栏

- 求职信息
  - 求职信息获取途径
    - 线上获取
      - 政府层面（教育系统、人社系统、国资系统）
      - 社会层面（前程无忧、智联招聘、BOSS直聘、中华英才网、猎聘网等）
      - 学校层面（兄弟院校、就业部门、团委、院系）
      - 单位层面（新媒体账号）
    - 线下获取
      - 招聘会、宣讲会、学校就业创业指导中心、人力资源市场、老师、学长、亲友、心仪企业等
  - 甄别求职信息
    - 时效性甄别
    - 真实性甄别
    - 匹配性甄别
    - 对途径进行比较甄别

注释 12-4

任务实施

本工单的任务实施如下：

● 任务一　对求职信息获取途径进行分类。（4.0 分）

笔记栏

1. 通过学习小组接龙的方式，产出常见的求职信息获取途径，并进行记录。（1.0 分）

2. 对产出的途径进行分类：政府层面（教育系统、人社系统、国资系统）；社会层面（前程无忧、智联招聘、BOSS 直聘、中华英才网、猎聘网等）；学校层面（兄弟院校、就业部门、团委、院系）；单位层面（新媒体账号）。（1.0 分）

3. 对有空缺分类的，大家查找并填充途径。（1.0 分）

4. 关注国家大学生就业服务平台，学校所在地、户籍所在地人社部门，学校就业创业的新媒体账号。（1.0 分）

● 任务二　从以下途径中分别获取 1 条感兴趣的求职信息并记录。（1.5 分）

招聘会、宣讲会、学校就业创业指导中心、人力资源市场、老师、学长、亲友、心仪企业等。

● 任务三　甄别求职信息。（3.0 分）

对任务二获取的求职信息进行逐一甄别：

1. 时效性甄别。（1.0 分）

2. 真实性甄别。（1.0 分）

3. 匹配性甄别。（1.0 分）

【提示】 任务实施可查看注释 12-4（求职信息任务实施 .pdf）

笔记栏

任务扩展

本工单的任务扩展要求如下：

甄别以下求职信息：

1. 某招聘平台发布招募货车司机的信息："开货车拉货、C1 驾照即可、每月保底收入 28 000 元。"面试时公司承诺收入能保底，但前提条件是必须要在该平台购买车厢长度 4.2 米的货车，只要买了车就可以和合作的物流公司签订合同。（0.5 分）

2. A 公司在某招聘平台上以"高薪 + 零招聘条件"招聘程序员，小智被此高薪条件吸引投递了简历并参加了面试。面试之后，A 公司以所学专业不对口为由，要求小智参加公司组织的 2 万元自费培训，之后方可正式录用。（0.5 分）

3. B 公司在招聘平台发布"文员"职位招聘信息，声称"可在家办公，日结高薪，月入过万，工作轻松自由"。求职者小慧在网上向 A 公司投递简历后，很快就被告知可以进入工作试用期了，并被要求下载一款 App 从事"刷单"工作。这项工作需要小赵在各大电商平台购买指定商品，商品大多为充值卡、网络服务等虚拟产品。小慧在购买商品后，需要通过付款截图和订单号联系公司获得收益。（0.5 分）

4. C 公司在招聘平台发布"轻松兼职，只需身份证，十分钟搞定，工资优厚"等信息。小何抱着试试看的心理，添加 QQ 号码前去应聘。对方告诉他，入职后工资会通过公司内部平台打入其工资卡，但在面试前要先下载某款 App 并绑定银行卡。（0.5 分）

任务日志

实施工单过程中填写如下日志：（0.5 分）

笔记栏

任务日志表

日期	工作内容	问题及解决方法

任务总结

完成上述任务后填写下列任务总结表：（0.5 分）

任务总结表

考核评价

工单实施考核评价表如下所示：

考核评价表

评分项	优秀要求	分值	备注
任务资讯	问题回答清晰准确，能够紧扣主题，没有明显错误项。	3	没完成不得分，回答正确取得相应分值。
任务实施	按照任务实施要求，积极参与小组的任务实施，最终形成小组实施成果。	8	没完成不得分，形成成果得 3 分，成果内容准确翔实得 3 分。

续表

评分项	优秀要求	分值	备注
任务扩展	通过各种途径搜集素材，得出自己的结论和观点，严禁网上直接摘抄。	2	没完成不得分，形成成果得 2 分，成果内容准确翔实得 1 分。
其他	日志和总结填写详细，能够反映实际工作过程。	1	没完成不得分，填写内容清晰翔实取得相应分值。

笔记栏

工单 13 简历优化

基础信息

工单编号	C2301111110515	工单名称	简历优化
工单类型	基础型工单	面向专业	各专业通用
工单大类	活动组织	能力面向	职业关键能力
职业岗位	全系列岗位		
实施方式	实际操作	考核方式	任务答辩
工单难度	难	前序工单	
工单分值	16	完成时限	2
工单来源	就业创业教练	建议组数	10
组内人数	3	工单属性	私有工单
版权归属	杨克林	附件资源	5 个
考核点			
工单简介	简历是获得面试机会的重要工具，不仅反映你的个人经历，还代表你给招聘单位留下的印象。本工单以帮助小智对心仪的招聘信息需求进行分析、对简历进行优化等为工单任务，帮助同学们更好地掌握简历优化的技巧。		
设备环境	台式电脑或笔记本电脑（能够连接互联网）		
教学方法	讨论式、探究式		
用途说明			
工单开发	杨克林	开发时间	2023-05

实施人员信息

姓名		班级		学号		电话	
隶属组		组长		岗位分工		伙伴成员	

笔记栏

任务目标

- 掌握简历的组成框架；
- 掌握简历优化的基本方法；
- 完成简历的基本优化；
- 规避简历的常见错误。

任务说明

小智找到一家心仪已久的单位的招聘信息，他很快撰写了自己的简历。在投递简历前他让小慧帮他参谋一下，小慧发现简历中有很多问题：简历的组成框架不够完整、实习实践内容不够充实等。本工单以帮助小智对心仪的招聘信息需求进行分析、对简历进行优化等为任务，帮助同学们更好地掌握简历优化的技巧。

领航筑梦

职场两年，他交出一份优秀的就业成绩单

顶岗实习期间，他多次获得部门销售冠军；毕业后第一个月，他便荣获集团十佳金牌销售顾问称号；2018 年，他荣登某品牌全国 16 强金牌销售顾问；2019 年，他晋级销售内训师并兼任展厅经理，成为店里最年轻的中层管理人员……这就是汽车检测与维修专业毕业生任才的就业成绩单。优异成绩的背后，透着他阳光自信的心态和脚踏实地的努力。

准确定位，合理规划职业生涯。2014 年 9 月，来自河北承德的任才进入汽车检测与维修专业学习。进入大学后，他的成绩始终保持班级前列，年年获得奖学金。三年级毕业实习，任才提前两个月向集团投递了简历，精准地将入职目标定位在中高端汽车品牌营销上，最终如愿以偿地进入品牌店，开启岗位实习历程。

学无止境，做职场有心人。从进入岗位第一天起，任才就主动

笔记栏

到各部门交流学习，向老员工虚心求教，他像海绵一样主动吸收业务知识，凭着好学与自信赢得了大家的一致好评。他仅用了3天时间，就把7个车系的汽车参数全部记住。因为在各方面表现出众，任才获得销售经理亲自全程指导。他在销售顾问岗位上成长迅速，多次获得部门销售冠军。

挑战自我，实现事业新跨越。2017年，在集团举办的“工匠杯”销售顾问精英大赛上，任才一路过关斩将，取得第三名的好成绩，并荣获“十佳金牌销售顾问”称号。2018年，任才参加了由厂商举办的魔鬼训练营。全国同批次仅有29名精英参训，而任才是其中最年轻的一个。训练从每天早上8点持续到晚上10点，白天上课培训，晚上加班做课件、出作品，连续5天5夜高强度的严苛培训，任才没有丝毫懈怠，高质量地完成了每一项任务，最终获得厂家认证的内训师资格。更为可贵的是，目前全国获得该项认证资格的仅有16人。

在一次次自我挑战中，任才快速成长，用两年时间便实现了职场跨越。但他始终认为，每一项挑战都是一次学习提升的机会，让他更加自信地追寻人生的价值和事业的方向。

课前问卷

1. 你了解什么样的简历最吸引HR吗？（0.5分）
   A. 查阅了一些简历，正在设计完善自己的简历
   B. 有简历，但不知道HR喜欢什么样的简历
   C. HR是干嘛的，我自己想怎么写就怎么写呗

2. 简历应该包含哪些内容？（0.5分）
   A. 个人信息、求职意向、实践经历以及证书
   B. 多多益善吧，我准备了一份五页的简历
   C. 简历套个模板简单弄一下就行

3. 你知道怎么优化简历吗？（0.5分）
   A. 非常清楚

B. 不太清楚

C. 没想过

笔记栏

任务资讯

1. 列举简历的基本框架。（1.0 分）

2. 分析以下简历片段，指出其中可以优化的地方，并给出优化建议。（1.0 分）

简历片段：“负责市场推广活动，包括社交媒体推广和线下活动。”

3. 请设计一个简历优化的方案，包括内容、格式和呈现方式三个方面，以提升一位软件开发工程师的简历吸引力。（1.0 分）

【提示】任务资讯可查看：

注释 13-1（简历优化 .pdf）

注释 13-2（简历优化 1.1.mp4）

注释 13-3（简历优化 2.mp4）

注释 13-4（简历优化 3.mp4）

注释 13-1

注释 13-2

注释 13-3

注释 13-4

任务规划

本工单的任务规划如下：

- 简历优化
  - 对招聘信息需求进行分析
    - 主要职责分析
    - 任职要求分析
    - 总结规划关键词
  - 对简历进行优化
    - 简历找茬
    - 完善框架
    - 借助STAR法则撰写事件
    - 选择填充
    - 仔细检查
  - 撰写自己的简历
    - 查找岗位
    - 需求分析
    - 选择模板
    - 填充信息
    - 借助STAR法则撰写事件
    - 选择填充
    - 仔细检查

笔记栏

注释 13-5

笔记栏

任务实施

本工单的任务实施如下：

● 任务一 对招聘信息进行需求分析。（1.0 分）

IT 工程师（运维、网络、IT 技术支持）岗招聘信息

岗位职责：

1. 发现并处理 PC 机、打印机等 IT 相关设备简单的硬件故障；
2. 解决日常办公软件发生的常见问题；
3. 处理一般网络问题；
4. 客户应用系统账号及日常维护；
5. 负责客户固定资产的管理工作。

任职资格：

1. 2022—2023 年毕业生，计算机相关专业，表现优秀者提供转正机会；
2. 拥有一定的网络基础和桌面运维能力；
3. 具有良好文字和语言表达能力、沟通与协调能力、处理复杂问题和突发事件能力；服务意识、效率意识强。

招聘信息

1. 主要职责分析，并归纳关键词。（0.5 分）

2. 任职要求分析，并归纳关键词。（0.5 分）

● 任务二 对简历进行优化。（2.5 分）

1. 通过学习小组接龙的形式，一起给小智的简历找茬儿，查摆简历存在的问题，并进行记录。（0.5 分）

2. 针对记录，对小智简历的基本框架进行完善。（0.5 分）

3. 从教育经历、工作经历、基本技能等维度出发，借助 STAR 法则撰写与岗位相关的事件。（0.5 分）

4. 选择匹配的内容进行填充。（0.5 分）

5. 查摆简历格式是否有问题，各段经历是否按照时间、倒序或和岗位相关度排列；是否有错别字、标点符号问题、语句不通顺的问题。（0.5 分）

笔记栏

个人简历 Personal resume

小智　意向岗位: 产品策划

性别：男　年龄：18

电话：18803128888　邮箱：xiaozhi@QQ.com

求职意向

意向岗位: 产品策划　意向城市: 深圳

期望薪资: 13k-14k　求职类型: 社招

期望行业: 互联网　当前状态: 月内到岗

教育经历

开始时间 - 结束时间　学校名称

专业 | 学历

某某工程技术职业大学，工程造价专业

工作经历

开始时间 - 结束时间　公司名称

职位名称 | 行业　月薪

某某网吧兼职

项目经历

开始时间 - 结束时间　项目名称

职位

无

自我评价

本人在生活中，我养成良好的生活习惯，生活充实而有条理，有严谨的生活态度和良好的生活作风，为人热情开朗，诚实守信，乐于助人，与人能和睦相处，拥有良好的处世原则。

小智简历

● 任务三　撰写自己的简历。(4.0 分)

1. 查找岗位（0.5 分）

（1）目标设定：

首先明确自己的职业目标，确定想要申请的岗位类型，如市场营销专员、软件工程师、人力资源经理等。

了解该岗位在行业内的普遍要求，包括技能要求、工作经验、教育背景等。

（2）市场调研：

通过招聘网站、公司官网、社交媒体等渠道搜索目标岗位的具体招聘信息。

记录不同公司对同一岗位的不同要求，以便在简历中突出自己符合这些要求的特点。

笔记栏

2. 需求分析（0.5 分）

（1）岗位需求分析：

仔细分析目标岗位的职责描述、任职要求，提炼出关键技能和经验要求。

确定自己需要展示的核心竞争力，如专业技能、项目经验、团队协作能力等。

（2）自我评估：

对比自己的经历和技能与岗位需求，识别自己的优势和不足。

思考如何通过简历来突出自己的优势，同时巧妙地掩饰或弥补不足。

3. 选择模板（0.5 分）

（1）模板筛选：

在网上搜索或利用简历制作工具，选择符合自己风格和岗位需求的简历模板。

考虑模板的布局、颜色、字体等因素，确保简历既专业又易于阅读。

（2）模板定制：

根据个人喜好和岗位需求，对模板进行适当调整，如添加或删除某些栏目。

确保简历的格式统一，信息层次分明。

4. 撰写自己的简历（0.5 分）

（1）确定结构：

一般简历包括基本信息、教育背景、工作经验、项目经验、技能证书、个人爱好等部分。

根据岗位需求，合理安排各部分的顺序和详略程度。

（2）填写基本信息：

包括姓名、联系方式、教育背景等基本信息，确保准确无误。

5. 填充信息（0.5 分）

（1）教育背景：

列出最高学历及所学专业，如有相关课程或成绩突出，可简要提及。

（2）工作经验：

按时间倒序列出工作经历，包括公司名称、职位、工作时间等。

简要描述工作职责和成就，突出与岗位相关的经验和技能。

笔记栏

（3）项目经验：

选取与岗位相关的项目，详细描述项目背景、目标、过程及成果。

强调自己在项目中的角色和贡献，突出团队协作和问题解决能力。

6. 借助 STAR 法则撰写事件（0.5 分）

（1）STAR 法则：

S（Situation）：描述事件发生的背景或情境。

T（Task）：说明自己在事件中的任务或目标。

A（Action）：阐述自己采取的行动或策略。

R（Result）：展示行动带来的结果或成就。

（2）应用实例：

在工作经验或项目经验中，选择具体事件，按照 STAR 法则进行描述。如："在 ×× 项目中，我负责 ×× 工作（T），面对 ×× 挑战（S），我采取了 ×× 措施（A），最终实现了 ×× 成果（R）。"

7. 选择填充（0.5 分）

（1）内容筛选：

根据岗位需求，选择最相关、最有说服力的信息和经历进行填充。

避免冗长和无关紧要的内容，保持简历的简洁明了。

（2）亮点突出：

用加粗、下画线等方式突出自己的亮点和成就。

在描述经历时，注重量化成果，如"提高了销售额 20%""缩短了项目周期 1 个月"等。

8. 仔细检查（0.5 分）

（1）语法和拼写：

仔细检查简历中的语法和拼写错误，确保语言通顺、准确。

（2）格式和排版：

确认简历的格式统一，排版整洁，易于阅读。

（3）信息准确性：

核实简历中的所有信息，确保准确无误，避免虚假陈述。

（4）反馈和修改：

请朋友或专业人士帮忙审阅简历，听取他们的意见和建议。

根据反馈进行必要的修改和完善。

通过以上流程，你可以撰写出一份既符合岗位需求又突出个人优势

笔记栏

的简历，为求职成功奠定坚实的基础。

【提示】任务实施可查看注释 13-5（简历优化任务实施 .pdf）

任务扩展

本工单的任务扩展要求如下：

通过国家大学生就业服务平台（https://cg.ncss.cn/）查找心仪的工作岗位，撰写有针对性的简历。（2.5 分）

任务日志

实施工单过程中填写如下日志：（0.5 分）

任务日志表

日期	工作内容	问题及解决方法

任务总结

完成上述任务后填写下列任务总结表：（0.5 分）

任务总结表

考核评价

笔记栏

工单实施考核评价表如下所示：

考核评价表

评分项	优秀要求	分值	备注
任务资讯	问题回答清晰准确，能够紧扣主题，没有明显错误项。	3	没完成不得分，回答正确取得相应分值。
任务实施	按照任务实施要求，积极参与小组的任务实施，最终形成小组实施成果。	8	没完成不得分，形成成果得 3 分，成果内容准确翔实得 3 分。
任务扩展	通过各种途径搜集素材，得出自己的结论和观点，严禁网上直接摘抄。	2	没完成不得分，形成成果得 2 分，成果内容准确翔实得 1 分。
其他	日志和总结填写详细，能够反映实际工作过程。	1	没完成不得分，填写内容清晰翔实取得相应分值。

工单 14 自我介绍

基础信息

工单编号	C2301111110676	工单名称	自我介绍
工单类型	基础型工单	面向专业	各专业通用
工单大类	公共课程	能力面向	职业关键能力
职业岗位	全系列岗位		
实施方式	实际操作	考核方式	任务答辩
工单难度	中等	前序工单	
工单分值	16	完成时限	2
工单来源	就业创业教练	建议组数	10
组内人数	3	工单属性	私有工单
版权归属	杨克林	附件资源	4 个
考核点			
工单简介	就面试问题而言，自我介绍是我们可以做充分准备的问题，也是参加面试的重要内容，还是面试官测评应聘者的重要指标。可以说，一个内容角度恰当、重点突出、表达言简意赅的自我介绍是取得面试成功的关键。		
设备环境	硬件：装有 Win7 以上系统的 PC（能够连接互联网）。 软件：办公软件、图形处理软件等。		
教学方法	讨论式、探究式		
用途说明			
工单开发	杨克林	开发时间	2023-06

实施人员信息

姓名		班级		学号		电话	
隶属组		组长		岗位分工		伙伴成员	

任务目标

- 分析语言结构；
- 教练表达方式；
- 强化表达训练。

笔记栏

任务说明

自我介绍是面试官测评应聘者的重要指标，也是大学生参加面试前可以做充分准备的内容。在面试中，出色地完成自我介绍这个“当头炮”，可以给面试官留下良好的印象，提高大学生的面试成功率。通过本次任务的学习，了解自我介绍的主要内容，从语言结构、表达方式、表达技巧方面对自我介绍进行系统分析、认知，并引导大学生强化训练，为将来的面试做好必要的语言表达能力准备。

领航筑梦

青年强，则国家强

习近平总书记在二十大报告中寄语青年：当代中国青年生逢其时，施展才干的舞台无比广阔，实现梦想的前景无比光明。虽然我们每个年轻人所处的地域、来自的家庭环境不同，但都有无穷的潜力和机会，因此我们要有信心。

青年应当树立远大的理想和抱负，将实现个人价值的目标与时代奋进的目标结合起来，在不懈奋斗中实现人生价值。表达愿景也是我们将个人的价值追求与应聘公司的企业价值追求相结合的过程，如果能将个人的价值追求与企业人才需求和价值追求很好地结合在一起，则能很大程度上激起面试官对应聘者的兴趣。

课前问卷

1. 你都怎么介绍自己？（0.5 分）

A. 根据不同场景设计了不同版本、时长的自我介绍

B. 姓名、爱好、联系方式

笔记栏

C. 我就是我，不一样的烟火

2. 自我介绍应该包含哪些内容？（0.5 分）

A. 我是谁；我想干什么；我能干什么

B. 从小学到大学的成长经历都说说

C. 告诉对方姓名、联系方式就行了

3. 你知道怎么做好自我介绍吗？（0.5 分）

A. 做了设计并且在强化训练

B. 不知道怎么说更好

C. 到时候想怎么说就怎么说

任务资讯

注释 14-1

注释 14-2

注释 14-3

1. 自我介绍应包含的主要内容有哪些？（1.5 分）
2. 自我介绍的要点是什么？（1.0 分）
3. 自我介绍表达方式的原则是什么？（1.0 分）
4. 自我介绍各方面内容的表达技巧是什么？（1.0 分）

【提示】任务资讯可查看：

注释 14-1（自我介绍 .pdf）

注释 14-2（自我介绍 1.mp4）

注释 14-3（自我介绍 2.mp4）

任务规划

本工单的任务规划如下：

笔记栏

- 自我介绍练习
  - 分析自我介绍的语言结构
    - 自我介绍的内容
    - 时间的把控
    - 自我介绍的要点
  - 掌握自我介绍表达方式的原则
    - 角度恰当
    - 重点突出
    - 专业得体
  - 分析自我介绍内容的表达技巧
    - 总括自己的个人信息
    - 个人经历和优势能力
    - 个人兴趣、爱好、特长
    - 表达愿景

任务实施

本工单的任务实施如下：

1. 撰写一分钟自我介绍逐字稿。（2.0 分）

2. 开展课堂练习。（5.0 分）

两人一组，一人做自我介绍，一人做评委计时、点评，然后互换。双方互提修改意见后，再进行一次。最后在学习小组内按抽签顺序依次做自我介绍，小组成员担任评委，每个小组推荐一名同学在班级进行自我介绍。（小组任务）

【提示】任务实施查看注释 14-4（自我介绍写作应包含主要内容 .pdf）

注释 14-4

笔记栏

任务扩展

本工单的任务扩展要求如下：

整理三分钟基本版的自我介绍逐字稿，每天对着镜子练习十遍，每周录制一个视频，连续三周，注意表达技巧，不断强化练习。（2.0 分）

任务日志

实施工单过程中填写如下日志：（0.5 分）

任务日志表

日期	工作内容	问题及解决方法

笔记栏

任务总结

完成上述任务后填写下列任务总结表：（0.5 分）

任务总结表

考核评价

工单实施考核评价表如下所示：

考核评价表

评分项	优秀要求	分值	备注
任务资讯	问题回答清晰准确，能够紧扣主题，没有明显错误项。	4.5	没完成不得分，回答正确取得相应分值
任务实施	按照任务实施要求，积极参与小组的任务实施，最终形成小组实施成果。	7	没完成不得分，形成成果得 3 分，成果内容准确翔实得 3 分
任务扩展	通过各种途径搜集素材，得出自己的结论和观点，严禁网上直接摘抄。	2	没完成不得分，形成成果得 2 分，成果内容准确翔实得 1 分
其他	日志和总结填写详细，能够反映实际工作过程。	1	没完成不得分，填写内容清晰翔实取得相应分值

工单 15 模拟面试

基础信息

工单编号	C2301111110516	工单名称	模拟面试
工单类型	基础型工单	面向专业	各专业通用
工单大类	素质拓展	能力面向	职业关键能力
职业岗位	全系列岗位		
实施方式	实际操作	考核方式	任务答辩
工单难度	难	前序工单	
工单分值	17	完成时限	2
工单来源	就业创业教练	建议组数	10
组内人数	3	工单属性	私有工单
版权归属	杨克林	附件资源	4 个
考核点			
工单简介	面试考察的是一个人的工作能力与综合素质，通过面试可以初步判断应聘者是否可以融入自己的团队。本工单将以建立面试题库、互助模拟面试为工单任务，帮助大家更好地开启就业准备。		
设备环境	台式电脑或笔记本电脑（能够连接互联网）		
教学方法	讨论式、探究式		
用途说明			
工单开发	杨克林	开发时间	2023-05

实施人员信息

姓名		班级		学号		电话	
隶属组		组长		岗位分工		伙伴成员	

笔记栏

任务目标

- 了解面试类型、形式；
- 知晓面试类型的基本流程；
- 顺利完成模拟面试的整个流程；
- 培育学生积极就业的心态；
- 培养学生规划管理能力和实践动手能力。

任务说明

临近毕业季，小智和小慧将以互助学习小组的形式与大家共同学习课程。

小智：上个工单我们学习了自我介绍，现在我的自我介绍水平越来越高了。

小慧：你看还是要勤于实践、勤于练习吧！面试考察的是一个人的工作能力与综合素质，通过面试可以初步判断应聘者是否可以融入自己的团队。

本工单以建立面试题库、互助模拟面试为工单任务，帮助大家更好地开启就业准备。

领航筑梦

一个“90后”大学生的职场转型

“你是名大学生，读了这么多年书，能说说心目中理想的教育吗？”晓光一直记得到某教育科技公司应聘面试时，总经理给他提的这个问题。那时他一脸懵懂，不知如何回答。3年之后，当年没给出答案的青涩小伙，已经成为这家公司的总经理。

2011年，晓光考入某职业院校机械设计与制造专业，大二期间，凭借过硬的综合素质成功入选“长城订单班”，毕业后顺理成章地成为正式员工。2016年的偶然契机，晓光应聘到某教育科技公司，从企业员工转型为一名科技教育工作者，从技术员变身为一个“孩子王”，其中最大的挑战莫过于上台讲课。每当备好一节课自信满满地去过课，他都会遭遇各种质疑和提问，每过一次课都出一身大汗。面对质疑他打过退堂鼓，后来经过不断地认真听课，一丝不苟地推敲细节，精益求精地打磨课程，终于过课成功。当老师上瘾的晓光开始主动请缨挑战课程开发，为打造《智造车间》课程体系，他用了 5 个月时间，把小学、初中、高中的数学、科学、物理、语文课本都研究了一遍，将教材所涉及的知识点、应用点、难点巧妙地贯穿到课程中，梳理出一套循序渐进的课程体系，开创了机械设计类新课，受到一致好评。2018 年，晓光被安排到雄安校区任校长，调研分析市场，开展招生推广，密切关注财务状况……3 月 14 日到任雄安校区、4 月 29 日开门营业、6 月实现盈利，新校长交出了一份满意答卷。这年 9 月，晓光晋职为公司总部副总经理，负责各校区的运营管理。如今，晓光正与高校开展校企合作，尝试创建大学创客实验室，开设 AI 创新选修课，将人工智能引入大学讲堂。他希望自己能用科技赋能创客教育，培养出更多人工智能背景下的复合型创新人才。

笔记栏

课前问卷

1. 面试之前你都要做哪些准备？（0.5 分）

A. 话术、资料、形象都需要做准备

B. 不知道，没经验很担心

C. 没想过，到时候随机应变

2. 你知道面试具体的形式、流程和内容吗？（0.5 分）

A. 看过一些面试视频，也参加过一些类似面试

B. 不知道，希望得到指导帮助

C. 没想过，也不会太复杂吧

3. 你知道面试官会问什么问题吗？（0.5 分）

A. 积累了很多面试问题，做过模拟面试训练

B. 面试官太神秘了，怎么知道他问啥呀

C. 没想过，问什么答什么呗

注释 15-1

注释 15-2

注释 15-3

笔记栏

任务资讯

1. 常见的面试类型有哪些？（1.0 分）
2. 面试的一般流程有哪些？（1.0 分）
3. 面试问题主要集中在哪些方面？（1.0 分）

【提示】任务资讯可查看：

注释 15-1（模拟面试 .pdf）

注释 15-2（半结构化面试 1.mp4）

注释 15-3（半结构化面试 2.mp4）

任务规划

本工单的任务规划如下：

- 模拟面试
  - 建立面试题库
    - 建立答题题库（网络搜集、教材搜集）
    - 梳理答题要点
    - 梳理面试流程
    - 自行熟悉演练
  - 互助模拟面试
    - 面试前准备工作
    - 模拟面试（随机抽取、三个题目、规定时间）
    - 视频回放
    - 点评记录

任务实施

本工单的任务实施如下：

任务一 建立面试题库。（4.0 分）

以互助学习小组的形式搜集面试视频，收集整理面试问题，建立 30 个面试题库，以问题为导向模拟练习，总结面试通用流程和结构。

1. 网络搜集面试视频，记录题目和注意事项。（1.0 分）
2. 借助教材内容完善面试题库，达到 30 个。（1.0 分）
3. 小组共同梳理答题要点和面试流程。（1.0 分）
4. 自行熟悉演练。（1.0 分）

任务二 互助模拟面试。（3.0 分）

以互助学习小组的形式进行模拟面试，随机抽取三个面试题目，并记录整个过程。

1. 组成互助小组，明确面试官、面试者的职责，调试手机，做好准备。（1.0 分）

2. 随机抽取三个面试题目，规定时间答题。（1.0 分）

3. 模拟面试视频回放，面试官进行点评，面试者进行记录。（1.0 分）

【提示】任务实施可查看注释 15-4（模拟面试任务实施 .pdf）

笔记栏

注释 15-4

任务扩展

笔记栏

本工单的任务扩展要求如下：（4.5 分）

1. 求职行动计划的梳理。

求职行动计划可以从以下几个方面梳理：梳理整个求职准备清单和求职全过程列表；找到求职过程中的重心；用日程表的方式把想法变成计划；让自己在求职过程中不会顾此失彼，实现求职目标。

2. 依次列出最重要的八项内容。

（1）求职信息：在力所能及的范围内，你用过多少种渠道去搜索求职信息？

（2）雇主了解：你对所求职的单位了解多少？第一次见面？实习过？

（3）简历投递：你对简历的撰写和投递格式掌握多少（包括网络申请）？

（4）信息整理：你有没有一个表格对你所期待的职位进行相应整理？

（5）面试准备：是否熟悉相应的面试方式？是否熟悉面试官的风格？

（6）面试应对：对于现场的发挥和心态准备，你的状态是什么？

（7）面试跟进：对于面试的后续跟进，你做了多少工作？

（8）内部推荐：求职单位中是否有核心的人物可以给你强烈地推荐？

笔记栏

3. 填好列表内容。

根据你对上面各项内容的理解，依次填写你对求职的各个方面的打分。（前面四项主要侧重于寻找求职机会，获得面试；后面四项主要是在面试过程中增加你的成功率）

（1）请给你现在的每个领域打分。（1～10 分，1 分最差，10 分最满意，结合现状打分）

（2）从列表中你注意到了什么？哪个方面得分最高，哪个方面得分最低？你想马上着手处理哪个领域？

（3）在参考了以上信息提示之后，你需要思考的问题是：

- 我做些什么这些改变才会出现？
- 我的行动计划是什么？
- 我会什么时候开始行动？
- 我行动计划的第一步是什么？

另外，在每一个问题后都可以跟上一个“还有呢？”。

4. 确定行动计划。

要问你的一个问题就是：我如何知道你已经做了这些行动？你可能需要一个行动计划表，可参考下表：

求职日程	7：00—8：00	9：00—12：00	14：00—16：00	19：00—22：00	22：00—24：00
确定职位					
了解职位需求					
投递简历					
参加面试					
电话询问反馈					

请打开你的日历，把这个计划表放到你的电脑或者手机中。注意填写原则：

（1）先安排你有把握的计划。一般来说，在求职过程中，你能把握的往往是信息调查和前期准备、简历撰写等，这些尽量提前准备。对于面试环节和电话询问，因为涉及雇主的统一安排，所以你很难单方

笔记栏

面确定。

（2）留出空余时间。求职过程中一定要留出来空余时间，机会往往就在这里产生。

（3）留出反馈的时间。留出专门时间进行求职面试过程中的总结反馈，这个做法对你帮助极大，很重要。

（4）以一个月为限。通常情况下，你的战线拉得越长，计划越难实现，所以尽量用一个月时间把计划执行到位。

任务日志

实施工单过程中填写如下日志：（0.5 分）

任务日志表

日期	工作内容	问题及解决方法

任务总结

完成上述任务后填写下列任务总结表：（0.5 分）

任务总结表

笔记栏

考核评价

工单实施考核评价表如下所示：

考核评价表

评分项	优秀要求	分值	备注
任务资讯	问题回答清晰准确，能够紧扣主题，没有明显错误项。	3	没完成不得分，回答正确取得相应分值。
任务实施	按照任务实施要求，积极参与小组的任务实施，最终形成小组实施成果。	6	没完成不得分，形成成果得 3 分，成果内容准确翔实得 3 分。
任务扩展	通过各种途径搜集素材，得出自己的结论和观点，严禁网上直接摘抄。	5	没完成不得分，形成成果得 2 分，成果内容准确翔实得 1 分。
其他	日志和总结填写详细，能够反映实际工作过程。	1	没完成不得分，填写内容清晰翔实取得相应分值。

工单 16 政策权益

基础信息

工单编号	C2301111110703	工单名称	政策权益
工单类型	基础型工单	面向专业	各专业通用
工单大类	素质拓展	能力面向	职业关键能力
职业岗位	全系列岗位		
实施方式	实际操作	考核方式	操作演示
工单难度	中等	前序工单	
工单分值	16	完成时限	2
工单来源	就业创业教练	建议组数	10
组内人数	3	工单属性	私有工单
版权归属	杨克林	附件资源	5 个
考核点			
工单简介	从国家到地方均出台了诸多鼓励大学生就业创业的政策，了解这些就业政策有助于我们更好地找到就业方向，尽早就业。本工单将以搜集就业政策、权益案例为工单任务，帮助同学们更好地了解政策权益。		
设备环境	台式电脑或笔记本电脑（能够连接互联网）		
教学方法	讨论式、探究式		
用途说明			
工单开发	杨克林	开发时间	2023-07

实施人员信息

姓名		班级		学号		电话	
隶属组		组长		岗位分工		伙伴成员	

笔记栏

任务目标

- 全面掌握就业政策及劳动者权益内容，能够识别就业侵权行为；
- 学会有效查询和解读就业政策法规，提升案例分析与问题解决能力；
- 增强法律意识，树立权益观念，培养社会责任感。

任务说明

小智：上次课我们学习了模拟面试，接下来我们是不是可以投递简历准备面试了？

小慧：从国家到地方均出台了诸多鼓励大学生就业创业的政策，了解这些政策有助于我们更好地找到就业方向，尽早就业，接下来我们一起来了解政策权益吧。

本工单以搜集就业政策、权益案例为工单任务，帮助同学们更好地了解政策权益。

领航筑梦

西部支教精神薪火相传

到西部教书去，这是“90后”大学毕业生彤彤入学时就立下的誓言。如今29岁的彤彤已经兑现承诺，她在新疆某县第一中学担任历史老师。“是榜样的力量让我选择了新疆。”彤彤说，这是她来学校的第6年，大学入学第一课就被师兄师姐奉献大漠的事迹所感动。“听着师兄师姐们的故事上完大学，现在我来接力了。”

2000年，该校15名毕业生告别母校和家乡，奔赴新疆教书育人。此后，20多年来，该校每年都有毕业生到西部，到祖国最需要的地方去实现人生的价值。在塔克拉玛干沙漠深处、在雪域高原之上、在渝西莽莽的大山里、在贵州偏远的村庄……学院的170余名毕业生像戈壁红柳、似沙漠胡杨、如高山雪莲，扎根在祖国的西部大地，绽放出绚烂的青春之花。

2014 年五四前夕，他们给习近平总书记写信，汇报在边疆学习、工作的情况，表示“愿意选择坚守，扎根边疆，更愿意看到越来越多的青年学子能在党和国家的感召下，怀揣梦想，肩负使命，到西部去创业”。习近平总书记鼓励这些毕业生，同人民一道拼搏、同祖国一道前进，服务人民、奉献祖国，是当代中国青年的正确方向。同时强调，希望越来越多的青年人以你们为榜样，到基层和人民中去建功立业，让青春之花绽放在祖国最需要的地方，在实现中国梦的伟大实践中书写别样精彩的人生。

习近平总书记的回信坚定了西部支教群体扎根边疆的决心，也开始重新审视教育的初心使命。他们说道，最初那些年，总是教育孩子们一定要走出沙漠，到更广阔的天地去看看。最近几年，我们的教育理念发生了很大变化，鼓励他们走出去长见识、练本领，然后回来建设家乡，因为家乡的发展更需要人才。

笔记栏

课前问卷

1. 你知道有哪些就业扶持政策吗？（0.5 分）

A. 知道，但不全面

B. 很想知道，但不知道怎么获取

C. 不了解，无所谓

2. 你获取就业服务的渠道是什么？（0.5 分）

A. 问辅导员老师、就业专职导师，从相关课程得知

B. 问高年级学长

C. 学校就业指导中心及相关公众号、网络平台

3. 关于参军你最想了解什么问题？（0.5 分）

A. 大学生入伍优惠政策

B. 报名、体检、政审流程、参军后如何完成学业

C. 了解兵种及到部队后的发展方向

注释 16-1

注释 16-2

注释 16-3

注释 16-4

笔 记 栏

任务资讯

1. 列举两项你感兴趣的大学生就业创业的政策？（1.0 分）
2. 劳动合同必备条款有哪些？（1.0 分）
3. 试用期、实习期、见习期有什么区别？（1.0 分）

【提示】任务资讯可查看：

注释 16-1（就业政策 .pdf）

注释 16-2（就业政策 1.mp4）

注释 16-3（就业政策 2.mp4）

注释 16-4（就业政策 3.mp4）

任务规划

本工单的任务规划如下：

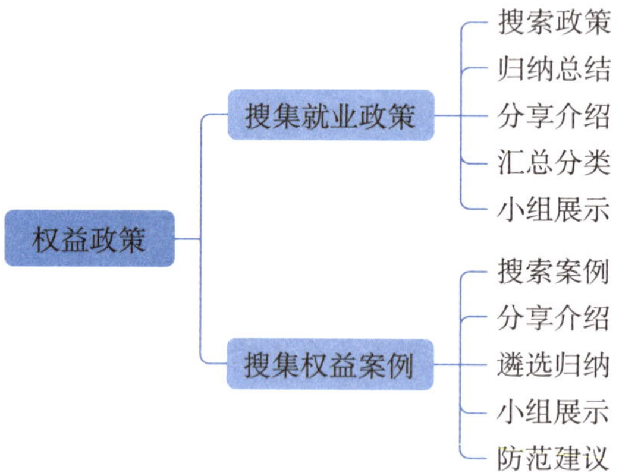

注释 16-5

笔 记 栏

任务实施

本工单的任务实施如下：

● 任务一 搜集就业政策。（4.0 分）

通过互助学习小组形式，搜集就业政策，各自以自己拟就业地为素材，搜集当地出台的鼓励大学生就业创业的政策。

1. 规定时间，各自根据拟就业地展开搜索，并对感兴趣的政策做好记录。（1.0 分）

2. 各自介绍自己搜集的拟就业政策。（1.0 分）

3. 对政策进行梳理分类。（1.0 分）

4. 小组展示，介绍搜集的政策以及梳理的结果。（1.0 分）

笔记栏

● 任务二 搜集权益案例。（4.0 分）

通过互助学习小组形式，搜集防范诈骗、传销、劳动仲裁的案例。

1. 规定时间，每人搜集一条案例，总结关键词。（1.0 分）

2. 各自介绍自己搜集的案例，提出防范和注意建议。（1.0 分）

3. 遴选有代表性的案例，并进行梳理归纳。（1.0 分）

4. 小组展示，介绍搜集案例并提出防范和注意建议。（1.0 分）

【提示】任务实施可查看注释 16-5（政策权益任务实施 .pdf）

任务扩展

本工单的任务扩展要求如下：

制订就业（创业、参军、升学、基层就业等）计划。（2.0 分）

1. 结合前面所学，结合个人实际情况，确定就业方向。（1.0 分）

2. 有针对性地制订提升和实现计划。（1.5 分）

任务日志

实施工单过程中填写如下日志：（0.5 分）

任务日志表

日期	工作内容	问题及解决方法

笔记栏

任务总结

完成上述任务后填写下列任务总结表：（0.5 分）

任务总结表

考核评价

工单实施考核评价表如下所示：

考核评价表

评分项	优秀要求	分值	备注
任务资讯	问题回答清晰准确，能够紧扣主题，没有明显错误项。	3	没完成不得分，回答正确取得相应分值。
任务实施	按照任务实施要求，积极参与小组的任务实施，最终形成小组实施成果。	8	没完成不得分，形成成果得 3 分，成果内容准确翔实得 3 分。
任务扩展	通过各种途径搜集素材，得出自己的结论和观点，严禁网上直接摘抄。	2	没完成不得分，形成成果得 2 分，成果内容准确翔实得 1 分。
其他	日志和总结填写详细，能够反映实际工作过程。	1	没完成不得分，填写内容清晰翔实取得相应分值。

工单 17 思维定式

基础信息

工单编号	C2301111110519	工单名称	思维定式
工单类型	基础型工单	面向专业	各专业通用
工单大类	素质拓展	能力面向	职业关键能力
职业岗位	全系列岗位		
实施方式	实际操作	考核方式	任务答辩
工单难度	中等	前序工单	
工单分值	20	完成时限	2
工单来源	创新创业大赛	建议组数	10
组内人数	3	工单属性	私有工单
版权归属	杨克林	附件资源	4 个
考核点			
工单简介	思路决定出路，创新思维是发挥创造力的前提，也是一个人、一个单位、一个地区、一个国家竞争的法宝。现代社会比较重视竞争，参与竞争就要靠点子、靠思路、靠特色、靠创新。因此，创新思维对培养高素质人才非常重要，本工单主要讲解如何通过打破思维定式，从而激发创新潜能，提升创新能力。		
设备环境	台式电脑或笔记本电脑（能够连接互联网）		
教学方法	讨论式、探究式		
用途说明			
工单开发	杨克林	开发时间	2023-05

实施人员信息

姓名		班级		学号		电话	
隶属组		组长		岗位分工		伙伴成员	

笔记栏

任务目标

- 了解思维定式及突破思维定式的重要性；
- 掌握如何培养突破思维定式的方法与技巧；
- 在活动体验的基础上，激发学生的好奇心和探究欲；
- 通过讨论和练习，帮助学生养成良好的思维习惯。

任务说明

创新思维是以新颖独创的方法解决问题，通过这种思维我们可以突破常规思维的界限，以超常规甚至反常的方法、视角去思考问题，提出与众不同的解决方案。通过打破思维定式的训练，我们可以解决以下几个问题：

（1）心智模式对一个人会产生怎么样的影响？

（2）心智模式从哪里来？

（3）心智模式如何改变和超载？

（4）如何激发创新潜能？

打破心智枷锁，激发创新潜能，让同学们脑洞大开，奇思妙想，找到每一个人内心世界中可以突破的地方去突破，让每一个人审视自己的心智模式。

领航筑梦

向着梦想快乐前行的创新青年

张强，某高职院校艺术设计系优秀毕业生，大学期间学习好、专业强、爱好广，曾获得全国大学生创意设计作品二等奖，国家奖学金和河北省三好学生。大三时期，张强被推荐到某大学文创中心顶岗实习。一年间，张强参与了非物质文化遗产展览、狼牙山山花节等多项大型活动，掌握了策划、设计和落地的整套流程。毕业时被评为河北省优秀毕业生。顶着光环，惜别文创，张强选择进入一家互动形象设计公司，重新开始。

从设计到操作，从工程报价到制作工艺，每一项都需要认真把控，每一个细节都必须了然于胸，在新公司获得独立设计项目、独当一面的能力，让张强倍感兴奋。随后，他应聘到一家印刷厂工作，依托大学自学编程的特长，研发出一套拼版程序，创立了独特的拼版方式，工作效率数倍提高。创新的力量让他品尝了卓越的味道，也帮助他迅速掌握了印刷的技术流程。三年后，机缘巧合，张强再次回到文创中心，参与某乡村文化提升工作；担任第三届大激店音乐节品牌总监，还参与了中国健康养老创新模式高峰论坛等 VI 设计；参加了多个产业园、展室、展馆及论坛的策划执行。尽管如此忙碌，可张强仍然不忘主动学习，从平面到立体，从传统媒介到现代媒介，他像海绵一样不断汲取着知识的养分，做一事，爱一事；尽全力，求最好，带着他的匠心创意，朝着梦想快乐前行。

笔记栏

课前问卷

1. 你觉得人脑很科学吗？（0.5 分）

A. 人类智慧的大脑很科学

B. 研究脑科学可以更好地开发利用大脑

C. 有待探索

2. 你觉得心智会影响你吗？（0.5 分）

A. 思维影响了我的发展

B. 通过创新训练可以改变心智模式

C. 不至于影响自己吧

3. 你希望尝试打破思维定式的影响吗？（0.5 分）

A. 非常希望通过学习打破思维定式的影响

B. 觉得很难突破思维定式

C. 可以试试看

任务资讯

1. 你经常会陷入怎样的思维定式？（1.5 分）

注释 17-1

注释 17-2

注释 17-3

2. 分析自身存在哪些思维定式和思维枷锁？（1.0 分）

3. 你曾经做过哪些离经叛道、别具一格的事情？（1.0 分）

4. 你曾经有过哪些天马行空的、超越现实的创新想法？（1.0 分）

5. 你曾经做过哪些突破自我、与众不同的事情？（1.0 分）

6. 怎样证明我和你的不同？（1.0 分）

【提示】任务资讯可查看：

注释 17-1（思维定式 .pdf）

注释 17-2（打破思维定式 1.mp4）

注释 17-3（打破思维定式 2.mp4）

任务规划

本工单的任务规划如下：

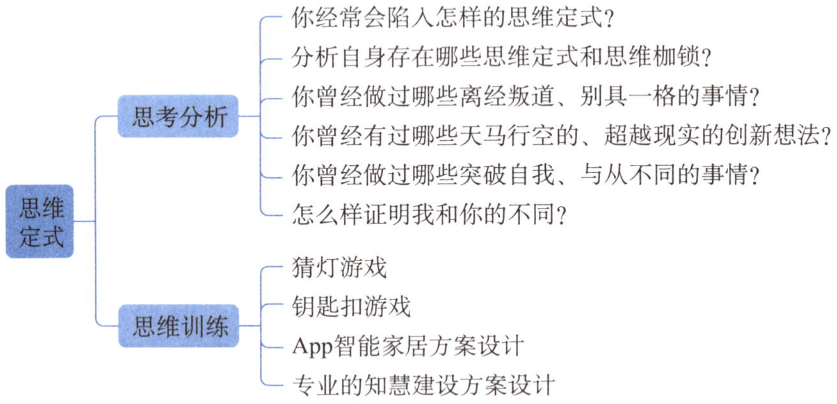

笔记栏

注释 17-4

任务实施

本工单的任务实施如下：

1. 猜灯游戏。（2.0 分）

同学们好！昨天我的一位朋友问了我一个问题，我觉得很有意思，想拿来跟大家分享一下。这个问题是这样的：（用 PowerPoint 投影图片，用图片帮助学生理解问题）有两个房间，在 A 房间里有三盏灯，这三盏灯的开关都在 B 房间里（每个开关只能控制一盏灯）。另外，只有进入 A 房间才能看到里面的三盏灯是否亮着。现在假设：你只能进一次 A 房间，请问你有什么办法可以判断出三个开关分别控制哪三

笔记栏

笔记栏

盏灯？

2. 钥匙扣游戏。（2.0 分）

把 12 个同学平均分为两队，要把放在地上的两个钥匙扣捡起来，就像我这样（老师做示范），再把钥匙扣从队首传到队尾（教师的示范是先捡起一个钥匙扣，传完一轮之后再捡起另一个钥匙扣往下传）。游戏规则是必须按照顺序，并使钥匙扣接触到每个同学的手。现在两队比赛看看，哪一队能在最短的时间内完成这一游戏，赢了的那一组可以获得一份神秘的奖品。在游戏过程中，可以让学生进行多次尝试，并且教师可以从旁提示学生："还可以再缩短时间，你们还有潜力可挖。"（最快的方法：抛开传递的方式，把两个钥匙扣扣在一起，把手扣成圆筒状，摞在一起，形成一个通道，让钥匙扣像自由落体一样地从上落下来，即按了顺序，同时也接触了每个人的手，时间是 0.5 秒。）

3. App 智能家居方案设计。（3.0 分）

本设计包含的系统为：智能门锁、安防、可视对讲、厨房室内可视分机、灯光、空调、电动窗帘（百叶窗、气窗）、背景音乐、环境监测（红外亮度、燃气感应）、视频监视、集中控制和远程 WEB 控制等。并且，以上所有系统都不是独立的，而是和其他系统相互联系，融合为一个统一的整体，并相互响应，做到真正意义上的智能。

【提示】任务实施可查看注释 17-4（思维定式 .pdf）

任务扩展

本工单的任务扩展要求如下：

1. 根据自己所学的专业，设计一个本专业的智慧建设方案。（3.0 分）

2. 社会当下存在怎样的思维模式，应该怎样远眺、怎样突破？（1.0 分）

任务日志

实施工单过程中填写如下日志：（0.5 分）

笔记栏

任务日志表

日期	工作内容	问题及解决方法

任务总结

完成上述任务后填写下列任务总结表：（0.5 分）

任务总结表

考核评价

工单实施考核评价表如下所示：

考核评价表

评分项	优秀要求	分值	备注
任务资讯	问题回答清晰准确，能够紧扣主题，没有明显错误项。	6	没完成不得分，回答正确取得相应分值。
任务实施	按照任务实施要求，积极参与小组的任务实施，最终形成小组实施成果。	6	没完成不得分，形成成果得 3 分，成果内容准确翔实得 3 分。

笔记栏

续表

评分项	优秀要求	分值	备注
任务扩展	通过各种途径搜集素材，得出自己的结论和观点，严禁网上直接摘抄。	2	没完成不得分，形成成果得 2 分，成果内容准确翔实得 1 分。
其他	日志和总结填写详细，能够反映实际工作过程。	2	没完成不得分，填写内容清晰翔实取得相应分值。

工单18 创新方法

基础信息

工单编号	C2301111110517	工单名称	创新方法
工单类型	基础型工单	面向专业	各专业通用
工单大类	素质拓展	能力面向	职业关键能力
职业岗位	全系列岗位		
实施方式	实际操作	考核方式	任务答辩
工单难度	难	前序工单	
工单分值	15	完成时限	2
工单来源	就业创业教练	建议组数	10
组内人数	3	工单属性	私有工单
版权归属	杨克林	附件资源	4 个
考核点			
工单简介	思维导图又名心智图，它是表达思维的图形工具，既简单又有效。作为一名大学生，面对社会中各种各样的职业，我们要确定好自己的就业方向，做好自己的职业生涯规划。思维导图可以帮助我们更有效、准确、清晰地做出自己的职业生涯规划。		
设备环境	硬件：装有 Win7 以上系统的 PC（能够连接互联网）。 软件：办公软件、图形处理软件等。		
教学方法	讨论式、探究式		
用途说明			
工单开发	杨克林	开发时间	2023-05

实施人员信息

姓名		班级		学号		电话	
隶属组		组长		岗位分工		伙伴成员	

笔记栏

任务目标

- 认识自己的大脑，认识思维导图的重要性；
- 学会运用思维导图；
- 通过发散思维、收敛思维、逆向思维训练，提高创新思维能力。

任务说明

根据自我认知、职业认知、行动策略、目标决策定位、职业生涯理念做出明确的职业生涯规划思维导图。职业生涯规划思维导图分五大部分：自我认知、职业认知、行动策略、目标决策定位、职业生涯理念。具体内容包括：

（1）自我认知：兴趣、性格、职业能力、个人能力、价值观等；

（2）职业认知：本专业就业岗位、行业发展动态、企业工作模式、通过各种渠道提高专业技能等；

（3）行动策略：一日操行、课上、课余时间、假期时间、实习期间等；

（4）目标决策定位：为了成为……我要……；

（5）职业生涯理念：时间价值新观念、竞争新理念等。

在智能手机或者电脑上安装 xmind（思维导图）、SimpleMind（思维导图）、逻辑思维导图、亿图图示等相关软件，安装软件之后绘制自己的职业生涯规划思维导图。

领航筑梦

为梦想插上飞翔的翅膀

“目前无人机在农业植保、快递运输、灾难救援、影视拍摄、电力巡检等领域都有广泛应用，行业面临千亿市场规模，作为无人化时代最强领军启航，未来可期……”毕业 3 年后，某高职院校应用电子技术专业毕业生孙硕，被母校聘为企业兼职导师，回校为同学们做专题讲座，并进行技术指导，用亲身经历激励学弟学妹们要学好专业技术，为梦想插上飞翔的翅膀。

笔记栏

怀着对计算机行业的热爱，孙硕考入应用电子技术专业，自学C语言和JAVA等编程程序。大二下半年，系里组建创新小分队，备战市级大学生创新大赛，孙硕负责编程，每天披星戴月、废寝忘食，一遍一遍修改代码，完善程序，操作测试，最终项目荣获大赛三等奖。大学期间，孙硕还对无人机产生了浓厚兴趣，他在网上自学无人机相关知识，他研制的四轴飞行器获得优秀毕业设计。大三实习，孙硕选择一家航空飞行器公司，担任专业飞手。设定飞行路线，制订飞行计划，勘查场地寻找起降点……不到两个月，无论是维修飞机、日常保养，还是参与农村植保项目，孙硕都能出色完成，获得公司一致好评。

毕业后，孙硕应聘到北京某公司，成为一名航拍助理。他刻苦钻研，勤学苦练，拍摄技术日臻成熟，很快由助理晋升为航拍摄影师，为公司拍摄了《最美中国》第一季、第二季部分航拍视频。工作第二年，由于业务能力出色，孙硕转型负责专业产品线技术支持，畅想无人机技术未来，规划专业化、精细化发展。通过“无人机+”模式，他与传统行业融合开辟发展出新“蓝海”，在无人机行业越走越远，绽放出自己独特的光彩。

课前问卷

1. 人类的思维特征是呈放射性的，进入大脑的每一条信息、每一种感觉、记忆或思想，都可作为一个思维分支表现出来，它呈现出来的就是（　　）。（0.5分）

A. 放射性立体结构

B. 平面发散结构

C. 多点式结构

2. 思维导图的优势是（　　）。（0.5分）

A. 唤起图像意识

B. 激活右脑形象思维

C. 激活联想和想象

D. 建立各种连接

3. 画思维导图的要领是（　　）。（0.5 分）

A. 从一张白纸的中心开始绘制，周围留出空白

B. 用一幅图像或图画表达你的中心思想

C. 将中心图像和主要分支连接起来，然后把主要分支和二级分支连接起来，再把三级分支和二级分支连接起来，依此类推

D. 在每条线上使用一个关键词

E. 在绘制过程中尽量使用颜色，自始至终使用图形

4. 思维导图主要运用于（　　）。（0.5 分）

A. 整理思路

B. 计划决策

C. 写演讲稿、报告

D. 笔记复习

笔记栏

任务资讯

1. 创新方法有几种思维方法？分别是什么？（1.0 分）
2. 发散思维的实施步骤是什么？（1.0 分）
3. 收敛思维的分析方法有哪些？请进行简单描述。（1.0 分）
4. 逆向思维的形式有哪些？请进行简单描述。（1.0 分）
5. 你了解思维导图的哪些工具，它有什么特点？（1.0 分）

【提示】任务资讯可查看：

注释 18-1（创新方法——思维导图 .pdf）

注释 18-2（思维导图学习训练 1.mp4）

注释 18-3（思维导图学习训练 2.mp4）

注释 18-1

注释 18-2

注释 18-3

任务规划

本工单的任务规划如下：

笔记栏

笔记栏

- 创新方法
  - 思维导图
    - 思维导图的优势
    - 画思维导图的要领
    - 思维导图的主要运用
    - 思维导图的工具选择
  - 创新思维
    - 发散思维案例分享
    - 收敛思维案例分享
    - 逆向思维案例分享

注释 18-4

笔记栏

任务实施

本工单的任务实施如下：

1. 老师问同学："树上有 10 只鸟，开枪打死 1 只，还剩几只？"（1.0 分）

提示：你可以根据自己的想象提出任何问题。

2. 一只杯子掉下来，碎了。这个可以提出什么问题呢？（1.0 分）

3. 举例说明哪些广告用语用到了收敛思维的方法？（1.0 分）

4. 根据司马光砸缸这个故事，思考一下司马光如何思考问题？（1.0 分）

5. 相对于淘宝、京东电商网站，拼多多抓住了哪些点从而获得了成功？（1.0 分）

6. 通过学习思维方法，用思维导图画出一个详细且结构化的职业生涯规划思维导图，该图涵盖自我认知、职业认知、行动策略、目标决策定位、职业生涯理念等多个方面内容。

【提示】任务实施可查看注释 18-4（创新方法——思维导图 .pdf）

任务扩展

本工单的任务扩展要求如下：

运用逆向思维方法思考下列问题：（2.0 分）

1. 经理主持会议时，发现有的人总是不爱发言，他想调动大家参与的积极性，应采取什么方法？

2. 欧洲一家剧院演出时，很多夫人、小姐都戴着一种时髦的高帽子，后面的观众很有意见，老板走到台前说了句什么话，她们就自动把帽子摘下来了？

3. 一位老木匠钉钉子前总是先把钉子含在口里，这是为什么？

4. 咬一口苹果，发现有虫，请问看到有几条虫最可怕？

笔记栏

任务日志

实施工单过程中填写如下日志：（0.5 分）

任务日志表

日期	工作内容	问题及解决方法

任务总结

完成上述任务后填写下列任务总结表：（0.5 分）

任务总结表

考核评价

工单实施考核评价表如下所示：

笔记栏

考核评价表

评分项	优秀要求	分值	备注
任务资讯	问题回答清晰准确，能够紧扣主题，没有明显错误项。	6	没完成不得分，回答正确取得相应分值。
任务实施	按照任务实施要求，积极参与小组的任务实施，最终形成小组实施成果。	6	没完成不得分，形成成果得 3 分，成果内容准确翔实得 3 分。
任务扩展	通过各种途径搜集素材，得出自己的结论和观点，严禁网上直接摘抄。	2	没完成不得分，形成成果得 2 分，成果内容准确翔实得 1 分。
其他	日志和总结填写详细，能够反映实际工作过程。	1	没完成不得分，填写内容清晰翔实取得相应分值。

工单 19 创新能力

基础信息

工单编号	C2301111110694	工单名称	创新能力
工单类型	基础型工单	面向专业	各专业通用
工单大类	素质拓展	能力面向	职业关键能力
职业岗位	全系列岗位		
实施方式	实际操作	考核方式	操作演示
工单难度	中等	前序工单	
工单分值	12	完成时限	2
工单来源	就业创业教练	建议组数	10
组内人数	3	工单属性	私有工单
版权归属	杨克林	附件资源	4个
考核点			
工单简介	通过案例分析，帮助学生激发、训练创新能力和创新意识，并结合创新创业项目，运用创新思维进行分析，识别就业机会，同时学会运用六顶思考帽思考方法帮助企业解决困境，提高企业创新能力。		
设备环境	硬件：装有 Win7 以上系统的 PC（能够连接互联网）。 软件：办公软件、图形处理软件等。		
教学方法			
用途说明			
工单开发	杨克林	开发时间	2023-07

实施人员信息

姓名		班级		学号		电话	
隶属组		组长		岗位分工		伙伴成员	

笔记栏

任务目标

» 通过经典案例，了解创新能力的重要性；

» 了解六项思考帽的概念，通过经典案例掌握六项思考帽的思考方法；

» 通过汽车车展、科技产品研发两个产品的案例分享，掌握六项思考帽思维运用流程。

任务说明

通过案例分析，帮助学生激发、训练创新能力和创新意识，并结合创新创业项目，运用创新思维进行分析，识别就业机会。运用六顶思考帽的思考方法帮助企业解决困境，提高企业创新能力。

领航筑梦

张骁诚：“专利达人”的成长之路

张骁诚，现就职于某汽车公司，两年内获得17项国家专利，作为一名专科毕业生，他是如何做到的呢？

高中毕业，张骁诚考入某高职院校机电工程系汽车检测与维修技术专业，大二下学期，被选拔到校企合作订单班，脏累苦的车间工作，严格的管理制度，让不少同学叫苦不迭，张骁诚却抓紧一切机会向企业导师学习请教，夯实专业理论知识，提高实践技能水平。实习结束，被评为“优秀实习生”。大三上学期，张骁诚作为第一批订单班毕业生，提前半年入职汽车公司，进入动力研究院发动机实验岗。

凭借过硬的专业技术，张骁诚很快脱颖而出，入职技术中心电装设计部，如愿成为一名技术研发人员。岗位由实验到研发，张骁诚再次开启“疯狂”的学习模式，自学CAD、CATIA等数模设计软件，每天下班继续学习2～3小时。半年后张骁诚开始接项目，仅七八个月就担任系统项目负责人，负责整车空调系统设计和开发工作。熟悉汽车空调的结构、类型、原理，了解车型需求，进行技术改进，再深入了解需求，再改进应用，经试验合格扩展应用，申请知识产权保护，撰写论文……这是张骁诚近两年的工作程序，从不懂到精通，从精通到创新发明，张骁诚乐此不疲、乐在其中。两年间作为第一发明人荣获国家实用新型专利 17 项，发表论文 3 篇，在公司被同事称为“专利达人”。

对于研发工作，张骁诚有很多情感，很多收获，更有十足的动力。他现在每天仍然保持至少两小时的学习时间，学习英语、知识产权法律法规……问及未来的计划，他憨厚地笑笑：“我这一辈子都离不开研发工作了，未来我想做一名优秀的汽车工程师，为民族汽车工业做出自己的贡献。”

笔记栏

课前问卷

1. 你觉得创新能力重要吗？（0.5 分）
   A. 是一个人发展的重要能力
   B. 属于锦上添花的能力
   C. 有时很重要
2. 你觉得创新能力是怎么养成的？（0.5 分）
   A. 遗传、环境、实践、训练等综合养成
   B. 主要是天生的
   C. 专业的训练
3. 你觉得创新能力对创业有影响吗？（0.5 分）
   A. 创新能力可能会影响创业成败
   B. 团队里有创新能力的人就行了
   C. 创新能力是创业团队的核心竞争力

任务资讯

1. 创新能力形成的基本原理是什么？（1.0 分）
2. 简述六顶思考帽的概念。（1.0 分）

注释 19-1

注释 19-2

注释 19-3

3. 六顶思考帽如何进行分类？（1.0 分）

4. 如何提高创新创业意识？（1.0 分）

【提示】任务资讯可查看：

注释 19-1（创新能力——六顶思考帽 .pdf）

注释 19-2（六顶思考帽 1.mp4）

注释 19-3（六顶思考帽 2.mp4）

任务规划

本工单的任务规划如下：

- 创新能力
  - 六顶思考帽
    - 介绍六顶思考帽
    - 六顶思考帽思维
    - 六顶思考帽运用
  - 运用创新思维解决问题
    - 如何办一个创新车展
    - 如何能提出产品开发的新主意
    - 分享创业项目实例并用六顶思考帽进行分析

注释 19-4

任务实施

本工单的任务实施如下：

1. 运用六顶思考帽思维分析企业遇到的问题，并画出思维流程。（2.5 分）

一家汽车研发、生产和销售合资公司，启动了全方位绿色战略，通过科技创新，不断为中国消费者带来更好性能、更低能耗、更少排放的绿色车型，并积极发挥业务链龙头作用，带动上下游共创绿色产业生态系统，以实现企业自身、企业与行业、企业与环境的和谐永续发展。在汽车行业，每年的车展都是重头戏，都要花费大量的资源进行设计。

2. 运用六顶思考帽的思考方法解决企业实际遇到的问题，并画出思维流程。（1.0 分）

一家全球领先的科技公司，致力于通过不懈的努力，为食物生产、供应和加工的各环节提供更加卓越、安全和环保的创新解决方案，公司产品线很长，目前在中国市场发展势头较好。同时，公司非常重视产品的研发，后续研发的力度也在不断加大。

笔记栏

【提示】任务资讯可查看：

注释 19-4（创新能力——六顶思考帽.pdf）

笔记栏

任务扩展

本工单的任务扩展要求如下：

根据前面两个案例分享，请写一份自己的创业项目并用六顶思考帽进行分析，同时画出思维流程。（2.0 分）

任务日志

实施工单过程中填写如下日志：（0.5 分）

任务日志表

日期	工作内容	问题及解决方法

任务总结

完成上述任务后填写下列任务总结表：（1.0 分）

任务总结表

笔记栏

考核评价

工单实施考核评价表如下所示：

考核评价表

评分项	优秀要求	分值	备注
任务资讯	问题回答清晰准确，能够紧扣主题，没有明显错误项。	6	没完成不得分，回答正确取得相应分值。
任务实施	按照任务实施要求，积极参与小组的任务实施，最终形成小组实施成果。	6	没完成不得分，形成成果得 3 分，成果内容准确翔实得 3 分。
任务扩展	通过各种途径搜集素材，得出自己的结论和观点，严禁网上直接摘抄。	2	没完成不得分，形成成果得 2 分，成果内容准确翔实得 1 分。
其他	日志和总结填写详细，能够反映实际工作过程。	1	没完成不得分，填写内容清晰翔实取得相应分值。

工单20 商业模式

基础信息

工单编号	C2301111110520	工单名称	商业模式
工单类型	基础型工单	面向专业	各专业通用
工单大类	素质拓展	能力面向	职业关键能力
职业岗位	全系列岗位		
实施方式	实际操作	考核方式	任务答辩
工单难度	难	前序工单	
工单分值	15	完成时限	2
工单来源	就业创业教练	建议组数	10
组内人数	3	工单属性	私有工单
版权归属	杨克林	附件资源	10个
考核点			
工单简介	本工单主要讲授聚焦商业模式的重要性、商业模式的定义与构成要素并通过分析经典创业案例的商业模式，让学生结合自身创业想法，探索自己的商业模式，从而引导学生关注创业的商业模式，启动创业。		
设备环境	硬件：装有Win7以上系统的PC（能够连接互联网）。 软件：办公软件、图形处理软件等。		
教学方法	讨论式、探究式		
用途说明			
工单开发	杨克林	开发时间	2023-05

实施人员信息

姓名		班级		学号		电话	
隶属组		组长		岗位分工		伙伴成员	

笔记栏

任务目标

- 理解商业模式的概念和意义；
- 掌握商业模式的构成要素；
- 掌握商业模式的设计思路和创新方法；
- 能够绘制商业模式画布。

任务说明

“互联网 +”大学生创新创业大赛是为了响应国家“大众创业，万众创新”的号召所举办的全国范围内的比赛，某院校计算机系“初心之行”创业团队选择了本届大赛高职组红旅赛道进行备赛，参赛项目的主要内容是整合红色教育资源，制定学习参观路线，助力老区红色文化传承，为乡村果农搭建线上线下平台，对接果树认养资源，技术助农。其中，商业模式的创新是所有项目获得核心竞争力的关键。因此，现阶段我们需要完成商业模式画布的绘制。

领航筑梦

开创移动互联网 + 未来无限可能

“邮币资讯”App 开发团队创始人，北京迅牛科技有限公司总裁刘召，是来自某高职院校计算机系网络技术专业的毕业生。在这位爱折腾的东北小伙的创业故事里，“拼命创新、精益求精”是他成功出圈的关键词。

大学期间，刘召就是学霸级的电脑高手。入学不久他就进入本系最牛专业社团——电脑爱好者协会，和导师、师兄们整天泡在机房，不玩游戏，不做闲聊，只争朝夕拼命学习。毕业后，怀着对互联网技术的热爱，刘召闯荡北京，进入了刚刚兴起的真人秀场直播领域，负责产品规划和设计，经他一手打造的直播产品成为引领业界的示范模式。一个偶然的机会，刘召结识了种子投资人李总。在和李总的交流中，凭借多年的互联网产品管理经验和市场敏锐性，

笔记栏

它发现了一个传统收藏领域的痛点和需求点，刘召果断承揽下该 App 规划开发项目，并拿到了李总第一笔种子投资，踏上了互联网 + 创新创业征程。

在北京黄寺大街简陋的民居里，一盏台灯、一台电脑，伴随着一个梦想燃烧的小伙儿，从夜幕降临一直到夜深人静的凌晨，4 个月如一日的长夜孤灯，刘召终于熬到梦想照进现实。6 月份，邮币资讯推出首发 IOS 版本在苹果应用商店全面上线，并连续两周被苹果应用商店推荐上榜。同年 9 月，Android 版、Web 版也全部上线。一时间，刘召和邮币资讯 App 火遍了整个邮币卡收藏市场，多次被央视新闻报道。同时吸引了新的投资人，成立新的公司，刘召出任总裁，目标就是将软件和市场继续做大做强。有了百万融资的底气，带着产品人精益求精的执着精神，他不断完善产品，创新升级，目前邮币资讯可以提供 40 多种增值服务，而后又推出了中国邮币卡、藏品财经大家谈对话节目、博藏网、会议直播等产品和服务。

刘召是创业型选手，常常一天只睡三四个小时，有时一天之内辗转奔波三个城市，但依然很亢奋，有时到中关村创业大街寻找灵感和创意。网络自制剧、微电影、金融、艺术品都是他热衷的领域，他每天都在进行各种头脑风暴，寻找各种无限可能。

课前问卷

1. 你知道什么是商业模式吗？（0.5 分）

   A. 商业模式就是一个创业项目的盈利模式

   B. 主要是说怎么赚钱

   C. 不太清楚

2. 你知道商业模式应该包含哪些要素吗？（0.5 分）

   A. 资金、场地、人员和产品或服务

   B. 应该包括项目核心优势、关键业务和运营模式

   C. 没有太多了解

3. 如何设计商业模式？（0.5 分）

A. 从资源整合、收入模式、服务模式等方面着手

B. 商业模式越简单越好

C. 没有太具体考虑

注释 20-1

注释 20-2

注释 20-3

注释 20-4

注释 20-5

注释 20-6

注释 20-7

任务资讯

1. 什么是商业模式？（0.5 分）

2. 什么是商业模式画布？（0.5 分）

3. 商业模式画布中重要合作 / 伙伴（Key Partnerships）指的是什么？（0.5 分）

4. 商业模式画布中关键业务（Key Activities）指的是什么？（0.5 分）

5. 商业模式画布中价值主张（Value Propositions）指的是什么？（0.5 分）

6. 商业模式画布中客户关系（Customer Relationships）指的是什么？（0.5 分）

7. 商业模式画布中客户细分（Customer Segments）指的是什么？（0.5 分）

8. 商业模式画布中核心资源（Key Resources）指的是什么？（0.5 分）

9. 商业模式画布中渠道通路（Channels）指的是什么？（0.5 分）

10. 商业模式画布中成本结构（Cost Structure）指的是什么？（0.5 分）

11. 商业模式画布中收入来源（Revenue Streams）指的是什么？（0.5 分）

【提示】任务资讯可查看：

注释 20-1（商业模式 .pdf）

注释 20-2（商业模式 1.mp4）

注释 20-3（商业模式 2.mp4）

注释 20-4（商业模式 3.mp4）

注释 20-5（商业模式 4.mp4）

注释 20-6（商业模式 5.mp4）

注释 20-7（商业模式 6.mp4）

任务规划

本工单的任务规划如下：

- 商业模式
  - 1. 商业模式的概念
  - 2. 商业模式的构成要素
  - 3. 设计商业模式的思路和方法
  - 4. 绘制商业模式画布

任务实施

本工单的任务实施如下：

根据项目资料完成任务实施。（5.0 分）

项目资料：一届届学子，学以致用，接续奋斗，用知识、技能服务老区人民，先后为阜平、易县等地企业做乡村电商设计、电商销售。成功打造阜礼品牌，探索新零售体验馆，用“互联网 + 电商”助力老区发展，以实际行动和实际成果为脱贫攻坚作出贡献！为巩固脱贫攻坚成果，服务乡村振兴，我们组建了“初心之行”团队，多次深入阜平、易县老区农村，了解当地林果业发展和存在问题，积极与当地果农生产对接，用创新创业项目助推农村经济发展，帮助农民增加收入。

根据以上项目资料介绍，结合“大学生互联网 + 创新创业大赛”红旅赛道参赛要求，完成一份商业模式画布绘制。

商业画布绘制要求通过九个方面来进行：客户群体、客户关系、渠道通路、价值服务、关键业务、核心资源、重要合作、成本结构、收入来源。

【**提示**】任务实施可查看：

注释 20-8（商业模式 .pdf）

注释 20-9（教育部关于举办第九届中国国际“互联网 +”大学生创新创业大赛的通知 .pdf）

注释 20-10（商业模式画布参考图 .pdf）

笔记栏

注释 20-8

注释 20-9

注释 20-10

笔记栏

笔记栏

任务扩展

本工单的任务扩展要求如下：

请任选以下一家公司，分析其商业模式，并制作商业画布。（2.0 分）

微信　　抖音　　滴滴出行　　海底捞　　华为

任务日志

实施工单过程中填写如下日志：（0.5 分）

任务日志表

日期	工作内容	问题及解决方法

任务总结

完成上述任务后填写下列任务总结表：（0.5 分）

任务总结表

考核评价

笔记栏

工单实施考核评价表如下所示：

考核评价表

评分项	优秀要求	分值	备注
任务资讯	问题回答清晰准确，能够紧扣主题，没有明显错误项。	6	没完成不得分，回答正确取得相应分值。
任务实施	按照任务实施要求，积极参与小组的任务实施，最终形成小组实施成果。	5	没完成不得分，形成成果得 3 分，成果内容准确翔实得 3 分。
任务扩展	通过各种途径搜集素材，得出自己的结论和观点，严禁网上直接摘抄。	2	没完成不得分，形成成果得 2 分，成果内容准确翔实得 1 分。
其他	日志和总结填写详细，能够反映实际工作过程。	2	没完成不得分，填写内容清晰翔实取得相应分值。

工单 21 商业计划

基础信息

工单编号	C2301111110521	工单名称	商业计划
工单类型	基础型工单	面向专业	各专业通用
工单大类	素质拓展	能力面向	职业关键能力
职业岗位	全系列岗位		
实施方式	实际操作	考核方式	任务答辩
工单难度	中等	前序工单	
工单分值	13	完成时限	2
工单来源	创新创业大赛	建议组数	10
组内人数	3	工单属性	私有工单
版权归属	杨克林	附件资源	9 个
考核点			
工单简介	商业计划是创业者叩响投资者大门的“敲门砖”，是创业者计划创立的业务的书面摘要，它用以描述与拟创办企业相关的内外部环境条件和要素特点，为业务的发展提供指示图和衡量业务进展情况的标准。因此，制作一份优秀的创业计划书往往会使创业者达到事半功倍的效果。		
设备环境	台式电脑或笔记本电脑（能够连接互联网）		
教学方法	讨论式、探究式		
用途说明			
工单开发	杨克林	开发时间	2023-05

实施人员信息

姓名		班级		学号		电话	
隶属组		组长		岗位分工		伙伴成员	

笔记栏

任务目标

- 深入了解大学生创业计划书的书写要求；
- 掌握创业技术书包含哪些内容；
- 能够对创业计划书的常见问题进行诊断分析；
- 能够独立完成一份创业计划书。

任务说明

我们要组队参加“互联网 +”大学生创新创业大赛——“青年红色筑梦之旅”赛道的比赛。作为参赛组负责人，我们需要组队并且书写项目计划书，本次参赛项目主题是：“互联网 +”现代农业、“互联网 +”制造业、“互联网 +”信息技术服务、“互联网 +”文化创意服务、“互联网 +”社会服务。按照大赛组委会要求，自拟题目完成项目计划书。

领航筑梦

“互联网 +”点燃的创业梦想

“互联网 + 企业服务，成为网络营销；互联网 + 零售，成为电子商务；互联网 + 实体，助力产业升级……”正在侃侃而谈、分享自己创业梦想的，是某科技有限公司的创始人李栋。

初中毕业后，李栋选择到当地某高职院校网络技术专业学习深造。毕业实习时，专业过硬的李栋径直跑到明华电脑城，负责起品牌电脑的系统维护，后来又转到销售岗位，全力跑起了市场。毕业找工作，李栋选择进入 ×× 网。跟随团队一点点打拼市场，3 个月后，由于出色表现，李栋被正式任命为团队负责人。半年后，李栋带领新团队在公司 4 个市场销售部中业绩第一，团队升级成独立部门。

积累实力，蓄势待发。一年后，李栋等 4 个年轻合伙人成立了 ×× 网络科技有限公司。创业初期，几个年轻人筚路蓝缕，夙兴夜寐，凭借顽强意志，挺过了最艰难的时期。他们紧跟潮流、思维活

笔记栏

跃，逐渐做出了市场和格局。一年后，他们被授予“十佳（运营）极具发展潜力服务商”。接着，团队进驻石雕市场，被石雕精湛的传统技艺和深厚的文化底蕴深深打动。李栋觉得自己有责任传承传播这份诗意精深的中华文化，通过“互联网 +”的魔手让精美的石雕“出山”，于是他又紧锣密鼓地成立 ×× 雕塑有限公司，积极对接河北美丽乡村重点项目、新农村建设和城市小品雕塑，线上线下两个市场共同推进。两年后公司获得河北省“互联网 + 农村电商”优秀示范单位。

如今，公司正在继续寻找合作实体，投资孵化优质项目，开创“互联网 + 创客 + 传统产业”新模式。李栋还和母校计算机系电商专业开办了石雕订单班，为年轻人提供更多的发展平台。

课前问卷

1. 你觉得做创业计划有用吗？（0.5 分）

   A. 非常有用

   B. 有一定帮助，但非必需

   C. 作用有限，更多取决于执行

2. 你知道创业计划应该包含哪些内容吗？（0.5 分）

   A. 执行摘要

   B. 市场分析

   C. 财务规划

3. 你知道投资人关心什么问题吗？（0.5 分）

   A. 应该比较关注盈利模式和团队

   B. 会比较关心项目能不能赚钱

   C. 不同投资人关心的不一样

任务资讯

1. 什么是创业计划书？（2.0 分）
2. 投资人关心什么？（2.0 分）

【**提示**】任务资讯可查看：

注释 21-1（创业计划书 .pdf）

注释 21-2（商业计划书 1.mp4）

注释 21-3（商业计划书 2.mp4）

注释 21-4（商业计划书 3.mp4）

注释 21-5（商业计划书 4.mp4）

注释 21-6（商业计划书 5.mp4）

注释 21-7（商业计划书 6.mp4）

任务规划

本工单的任务规划如下：

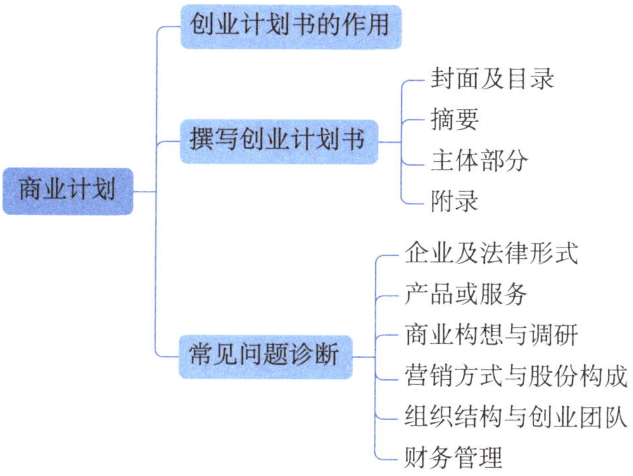

任务实施

本工单的任务实施如下：

请以小组为单位，书写一份完整的创业计划书。创业计划书要求如下：（4.5 分）

1. 请认真阅读《第九届中国国际“互联网 +”大学生创新创业大赛》通知文件要求。

2. 参赛项目选择“青年红色筑梦之旅”赛道，参赛内容为“互联网 +”现代农业、“互联网 +”制造业、“互联网 +”信息技术服务、“互联网 +”文化创意服务、“互联网 +”社会服务，以上主题任选其一。

3. 参照注释中《创业计划书》模板，以小组为单位书写一份完整的创业计划书。

【提示】任务实施可查看：

注释21-8（"互联网+"大赛|"青年红色筑梦之旅"赛道的参赛要点.pdf）

注释21-9（"互联网+"大学生创新创业大赛商业（项目）计划书.pdf）

注释21-8

注释21-9

笔记栏

任务扩展

本工单的任务扩展要求如下：

为你的创业计划书，制作一份路演PPT。（2.0分）

任务日志

实施工单过程中填写如下日志：（0.5分）

任务日志表

日期	工作内容	问题及解决方法

任务总结

完成上述任务后填写下列任务总结表：（0.5分）

任务总结表

笔记栏

考核评价

工单实施考核评价表如下所示：

考核评价表

评分项	优秀要求	分值	备注
任务资讯	问题回答清晰准确，能够紧扣主题，没有明显错误项。	3	没完成不得分，回答正确取得相应分值。
任务实施	按照任务实施要求，积极参与小组的任务实施，最终形成小组实施成果。	5	没完成不得分，形成成果得 3 分，成果内容准确翔实得 3 分。
任务扩展	通过各种途径搜集素材，得出自己的结论和观点，严禁网上直接摘抄。	4	没完成不得分，形成成果得 2 分，成果内容准确翔实得 1 分。
其他	日志和总结填写详细，能够反映实际工作过程。	2	没完成不得分，填写内容清晰翔实取得相应分值。

工单22 企业注册

基础信息

工单编号	C2301111110522	工单名称	企业注册
工单类型	基础型工单	面向专业	各专业通用
工单大类	素质拓展	能力面向	职业关键能力
职业岗位	全系列岗位		
实施方式	实际操作	考核方式	任务答辩
工单难度	中等	前序工单	
工单分值	16	完成时限	2
工单来源	创新创业大赛	建议组数	10
组内人数	3	工单属性	私有工单
版权归属	杨克林	附件资源	6个
考核点			
工单简介	近年来，随着高校毕业生数量的逐年增加，大学生就业形势越来越严峻。大学生创业作为大学生就业的一种重要形式，越来越受到社会各个方面的重视。毕业生不仅仅是求职者，也可能尝试成为工作岗位的创造者。作为一名大学毕业生和青年创业者，我们需要根据自己的情况去分析，如何注册企业，开创属于自己的人生篇章。		
设备环境	台式电脑或笔记本电脑（能够连接互联网）		
教学方法	讨论式、探究式		
用途说明			
工单开发	杨克林	开发时间	2023-05

实施人员信息

姓名		班级		学号		电话	
隶属组		组长		岗位分工		伙伴成员	

笔记栏

任务目标

- 完成注册公司资金准备；
- 了解大学生创业支持政策；
- 能够阐述工商注册条件；
- 掌握注册公司流程；
- 能够独立完成有限责任公司的企业注册。

任务说明

作为一名即将踏入社会的高校毕业生，在筹备企业注册的过程中，我们需要完成从理论到实践的跨越，要细致入微地研究行业趋势、政策法规，确保企业名称的独特性、经营范围的精准性，以及注册资本的合理性。完成企业注册不仅是一个法律程序，更是个人的成长与蜕变。

领航筑梦

传承“中国风”的礼品创意人

薄金属工艺品、水晶系列产品、纯手工金雕画……走进位于北京东城区的宏丽瑞格礼品销售中心，不禁被眼前充满古风古韵的文化礼品深深吸引。这家礼品店的经理人方永发，是某高职院校计算机系信息专业的毕业生。谈及创业初心，他说：“做‘中国风’主题礼品，是对传统文化和匠心工艺的致敬和礼赞。”

大学时期的方永发勤奋刻苦，成绩优秀，痴迷于艺术设计，自学 AI 和 CDR 等电脑绘图和排版软件，为专业兴趣积蓄能量。大学毕业后，方永发凭借优异成绩和设计专长，进入上海一家工艺品公司。因业绩突出，方永发被抽调到深圳总部从事销售工作。潜心行业多年，敏锐的他嗅到了商机，于是他决定把“中国风”礼品带到北京，开启文旅文创之路。

紧跟北京礼品市场节奏，方永发打出销售组合拳。他积极参加

笔记栏

各类大型专业礼品展销会，结识高端专业客户；印发产品宣传单，在各大写字楼里发放；亲自跑北京各大高校，做推介销售……充满诚意和创意的“中国风”礼品，文质彬彬的介绍解说，很快吸引了众人的目光。同时布局打造线上平台，创业两年时间，方永发逐步建立起稳定成熟的客户网络，最厉害的是他的礼品策划方案获得北京首届“长城专题旅游纪念品设计大赛”产品类一等奖。八达岭景区与他签订了长期供货协议。这之后，他一鼓作气，又陆续签下了北京鸟巢、水立方、国家大剧院、首都博物馆、北京动物园等著名景点的礼品供货协议。方永发用慧心设计和匠心工艺，把“中国风”旅游纪念品做到了高大上的平台。从事礼品行当多年，小到个人物件，大到使馆纪念品，他设计出品的礼品从未出现过差错和纰漏。

将传统工艺和现代时尚元素巧妙融合，不断推出新品、精品、爆款，打造线上线下定制服务，让“中国风”在当代中国、在世界舞台蔚然成风。这是方永发更大的目标和梦想。

课前问卷

1. 你觉得注册公司难吗？（0.5 分）

A. 不知道怎么注册

B. 好像可以找代办公司

C. 非常难

2. 你觉得现在有必要了解公司注册吗？（0.5 分）

A. 有必要提前了解

B. 等需要的时候再说

C. 找人帮着办就行了

3. 你觉得注册合法性重要吗？（0.5 分）

A. 非常重要

B. 我不干违法的事就没事

C. 当法人一不小心就违法了

任务资讯

1. 什么是企业组织形式？有哪几种？（1.5 分）
2. 什么是公司制企业？公司制企业有哪些类型？（1.0 分）
3. 大学生创业的主体类型有哪些？（1.0 分）
4. 请描述一下企业注册流程。（1.0 分）

【提示】任务资讯可查看：

注释 22-1（注册企业 .pdf）

注释 22-2（如何注册经营一家“合法”公司 1.mp4）

注释 22-3（如何注册经营一家“合法”公司 2.mp4）

注释 22-4（高校毕业生等青年就业创业政策汇编（2023 年）.pdf）

注释 22-1

注释 22-2

注释 22-3

注释 22-4

笔 记 栏

任务规划

本工单的任务规划如下：

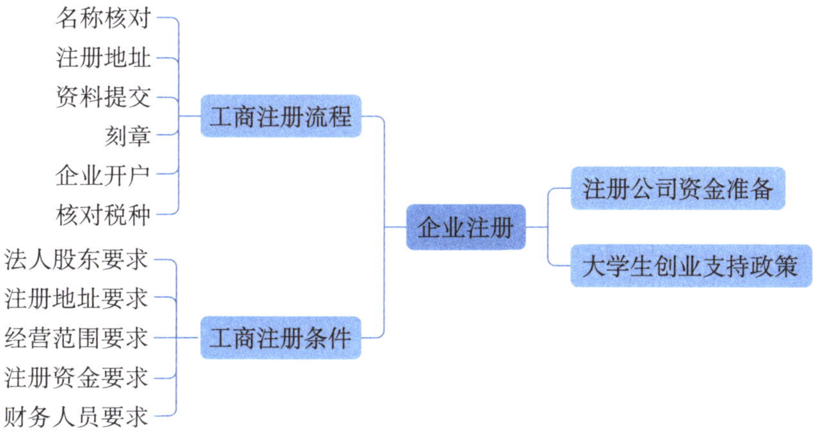

任务实施

本工单的任务实施如下：

根据所学完成一份企业注册课程作业。（5.0 分）

1. 题目：小型企业注册过程详解。

2. 要求：以某个具体的小型企业注册为案例，撰写一篇 400～500 字

注释 22-5

笔记栏

的文章，详细介绍该企业注册的全过程。

3. 具体内容如下：

第一部分：介绍企业名称、营业范围、法定代表人及注册资本等基本情况。

第二部分：阐述企业注册的流程和必要的材料准备，包括企业名称审核、税务登记、工商营业执照领取等环节，并在其中介绍主管部门的职能和操作要点。

第三部分：阐述企业注册时需要注意的一些问题，包括股东协议的签订、劳动合同的起草、相关法规的遵守等，帮助读者全面理解该企业注册的关键点和难点。

4. 结论：总结该企业注册的经验教训，列举成功的关键因素和失败的教训。

【提示】任务实施可查看注释 22-5（任务实施——注册企业流程图 .pdf）

任务扩展

本工单的任务扩展要求如下：

请到所在地行政服务大厅了解注册企业的具体流程和当地政策。（4.0 分）

任务日志

实施工单过程中填写如下日志：（0.5 分）

任务日志表

日期	工作内容	问题及解决方法

笔记栏

任务总结

完成上述任务后填写下列任务总结表：（0.5 分）

任务总结表

考核评价

工单实施考核评价表如下所示：

考核评价表

评分项	优秀要求	分值	备注
任务资讯	问题回答清晰准确，能够紧扣主题，没有明显错误项。	4	没完成不得分，回答正确取得相应分值。
任务实施	按照任务实施要求，积极参与小组的任务实施，最终形成小组实施成果。	5	没完成不得分，形成成果得 3 分，成果内容准确翔实得 3 分。
任务扩展	通过各种途径搜集素材，得出自己的结论和观点，严禁网上直接摘抄。	4	没完成不得分，形成成果得 2 分，成果内容准确翔实得 1 分。
其他	日志和总结填写详细，能够反映实际工作过程。	2	没完成不得分，填写内容清晰翔实取得相应分值。

工单 23 创业实践

基础信息

工单编号	C2301111110523	工单名称	创业实践
工单类型	基础型工单	面向专业	各专业通用
工单大类	素质拓展	能力面向	职业关键能力
职业岗位	全系列岗位		
实施方式	实际操作	考核方式	任务答辩
工单难度	中等	前序工单	
工单分值	15	完成时限	2
工单来源	创新创业大赛	建议组数	10
组内人数	3	工单属性	私有工单
版权归属	杨克林	附件资源	4 个
考核点			
工单简介	创业是就业的最高形式。它是创业者通过发现和识别商业机会，成立活动组织，利用各种资源，以创造价值的过程。创业不是只靠一腔热血，而是要有一定的基础。只有准备充分，做起事来才能事半功倍。俗话说“不打无准备之战”，要创业，必须扎扎实实做好充分准备和知识积累。本工单任务是通过模拟真实的创业流程，让大家去体验创业、学习创业与实践创业。		
设备环境	台式电脑或笔记本电脑（能够连接互联网）		
教学方法	讨论式、探究式		
用途说明			
工单开发	杨克林	开发时间	2023-05

实施人员信息

姓名		班级		学号		电话	
隶属组		组长		岗位分工		伙伴成员	

笔记栏

任务目标

- 了解直播电商的发展趋势和市场规律；
- 学习直播设备的使用和直播间布置技巧；
- 掌握直播带货的推广和营销手段；
- 策划和制作一场农产品的直播带货。

任务说明

大学生投身电商创业，是探索就业新路径的勇敢尝试。这不仅要求敏锐捕捉商机、精心组建团队、高效整合资源，更是一场关于创新价值、实现梦想的实践之旅。电商创业，绝不仅是凭一腔热血就能成功的，它呼唤深厚的行业认知与扎实的专业技能。从精准的市场调研到独特的产品定位，从精细的财务管理到创意的直播策划，每一步都需要精心布局，步步为营。通过电商直播的实战演练，我们不仅能亲身体验创业的酸甜苦辣，更能学习如何在瞬息万变的市场中立足。这是一次关于挑战与成长的旅程，让我们满怀信心与激情，在电商创业的广阔舞台上携手并进，点亮梦想之光，共同开创属于我们的璀璨未来！

领航筑梦

工地上“泡”出来的工程老板

在雄安新区“千年秀林”施工现场，一个忙碌的身影整日活跃在建设工地上，他就是宋松，某高职院校建筑工程系的毕业生。这个皮肤黝黑的小伙子，从初中起寒暑假就吃住在工地上，至今已在施工一线“泡”了二十多年，成长为一名施工、管理、经营能力出众的造林公司负责人。

大学期间的宋松是专业全面手。每年寒暑假，他都带领同学们去北京自家工地工学结合，摸爬滚打，积累实践经验。毕业后，宋松开始拉队伍自己干，每天坚持“泡”在施工一线，艰苦创业中有胜仗也有败阵，但宋松从来胜不骄、败不馁，稳扎稳打地实践自己

笔记栏

的建筑工程梦想。

2018 年，宋松来到雄安，成立环保公司，与央视合作，植树造林、治理坑塘。宋松确立了“打品牌、做质量、赚口碑”的九字工作方针，承建“千年秀林”工程，严格按照高质量雄安造林标准，实施全流程精细化质量管控。不仅如此，每天宋松都去各个植树点施工现场“泡”着，认真观察植树好方法，反复琢磨管理好措施，把种树流程、工序、技术都严格标准化，全力以赴打造植树造林的雄安样板。雄安新区不仅在地上植树造林，同时在“云端”营造数字森林。每株树苗上都挂有一个二维码身份证，实现全生命过程动态监控。为提高大数据定位录入效率，宋松带领团队反复练习，先把自己练成超级能手，用自己的行动带动整个团队。2018 年，宋松的公司拿下雄安新区 3 项大数据第一名，并培训了一支经得起考验的新型“育林军”。

“我们去年参与造林 1 200 亩，种植了 12.4 万棵树，成活率在 95% 以上，质量完全符合新区要求。”宋松说，“今年雄安新区计划完成 20 万亩植树造林任务，我们将积极参与其中，一步一个脚印，踏踏实实干，种好每一棵树，植好每一片林。”

课前问卷

1. 你觉得公司经营好的必要因素是什么？（0.5 分）

   A. 找到合伙人

   B. 有启动资金

   C. 团队管理

2. 找到了团队合伙人是不是就意味着你可以开始经营了？（0.5 分）

   A. 应该是

   B. 要不要定目标

   C. 不知道从哪里下手

3. 什么是战略？（0.5 分）

   A. 是不是要做什么计划

   B. 多长时间做什么事儿

   C. 初创小项目不用考虑什么战略问题

任务资讯

1. 你创业的动机和原因？（1.5 分）
2. 为什么你的公司具有很高的成长潜力？（1.0 分）
3. 创业项目的商业模式是什么？（1.0 分）
4. 你的产品有哪些替代品？（1.0 分）

【提示】任务资讯可查看：

注释 23-1（电商直播 .pdf）

注释 23-2（直播前的准备工作和思考 .mp4）

注释 23-3（初识电商直播 .mp4）

注释 23-1

注释 23-2

注释 23-3

笔记栏

任务规划

本工单的任务规划如下：

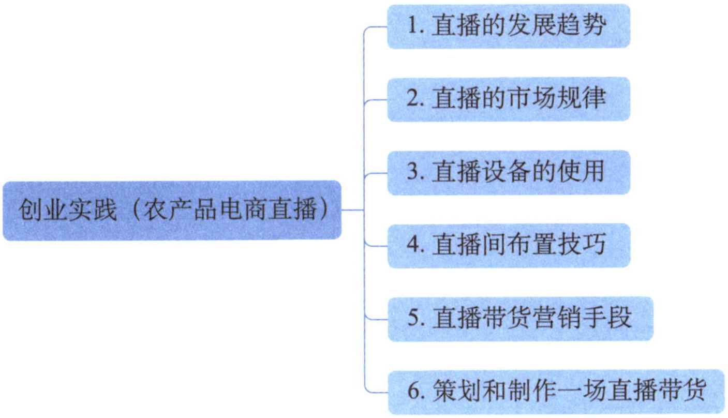

任务实施

本工单的任务实施如下：

请以小组为单位，策划和制作一场直播带货，通过以下几个方面来表现：（5.0 分）

1. 如何确定直播平台；
2. 如何策划直播内容；
3. 直播设备如何准备；
4. 培训主播技能；

注释 23-4

笔记栏

笔记栏

5. 准备好商品信息，并且备货充足；

6. 对直播内容进行推广预热，要实时监控直播间问题、互动。

注意：在直播带货的过程中需要注重与观众的沟通互动，提供实时性反馈机制，吸引观众的关注并提高购买意愿。同时也需要注意形象的塑造，注重企业及主持人的口头表述和电视形象的合理搭配。

【提示】任务实施可查看注释 23-4（创业实践——直播带货 .pdf）

任务扩展

本工单的任务扩展要求如下：

根据任务实施内容，以小组为单位完成直播带货，书写一份直播带货创业实践心得（字数不限）。（4.0 分）

任务日志

实施工单过程中填写如下日志：（0.5 分）

任务日志表

日期	工作内容	问题及解决方法

任务总结

完成上述任务后填写下列任务总结表：（0.5 分）

任务总结表

笔记栏

考核评价

工单实施考核评价表如下所示：

考核评价表

评分项	优秀要求	分值	备注
任务资讯	问题回答清晰准确，能够紧扣主题，没有明显错误项。	4	没完成不得分，回答正确取得相应分值。
任务实施	按照任务实施要求，积极参与小组的任务实施，最终形成小组实施成果。	5	没完成不得分，形成成果得 3 分，成果内容准确翔实得 3 分。
任务扩展	通过各种途径搜集素材，得出自己的结论和观点，严禁网上直接摘抄。	4	没完成不得分，形成成果得 2 分，成果内容准确翔实得 1 分。
其他	日志和总结填写详细，能够反映实际工作过程。	2	没完成不得分，填写内容清晰翔实取得相应分值。